Denkräume

Ina Schmidt:
Macht Denken glücklich?
© J. Kamphausen Verlag &
Distribution GmbH, Bielefeld 2010
info@j-kamphausen.de
www.weltinnenraum.de

Lektorat: Stephanie Ehrenschwendner /
Otmar Fischer
Umschlaggestaltung, Satz: Wilfried Klei
Illustration: fotolia, Ann Triling
Druck & Verarbeitung:
Westermann Druck Zwickau

1. Auflage 2010

Bibliografische Information der Deutschen Nationalbibliothek

Die Deutsche Nationalbibliothek verzeichnet diese
Publikation in der Deutschen Nationalbibliografie;
detaillierte bibliografische Daten sind im Internet
über **http://dnb.d-nb.de** abrufbar.

ISBN 978-3-89901-265-1

*Dieses Buch wurde auf 100% Altpapier gedruckt und ist alterungsbeständig.*
*Weitere Informationen hierzu finden Sie unter* www.weltinnenraum.de

Ina Schmidt

# MACHT DENKEN GLÜCKLICH?

Eine philosophische Betrachtung

**Das Denken handelt, indem es denkt.**

Martin Heidegger im Humanismusbrief

Für meine Kinder

Iver Bane, Lina Nike und Per Marten

Was ist ein Philosoph?

Der Mensch als mögliche Existenz ist Philosoph.

Was aber ein Philosoph sei, gewinnt wie Existenz nie endgültige Objektivierung. Philosoph zu sein, ist kein spezifischer Beruf; der Philosoph ist auch kein gestaltetes Ideal, nach dem der Mensch sich formen könnte, um es zu werden; das Sein des Philosophen ist das Selbstwerdenwollen, das in der Breite des Philosophierens sich Raum, Möglichkeit und Ausdruck schafft. Der Philosoph wird nicht im Bilde schaubar. Die geschichtlichen Gestalten des philosophischen Menschen haben untereinander Verwandte: sie lebten in Befreiung von den Fesseln, die an objektive Autoritäten oder an die Welt als blindes Glücksstreben und als Betrieb der Daseinsfürsorge binden, unabhängig aus eigenem Grunde in gegenseitigem Appell, eine Gemeinschaft selbstseiender Geister.

Karl Jaspers

# Vorbemerkung

> Denken ist die Einschränkung auf einen
> Gedanken, der einst wie ein Stern
> am Himmel der Welt stehen blieb.
>
> Martin Heidegger

**Wir brauchen einen Aufbruch im Denken,** eine neue Richtung, daran scheint politisch wie gesellschaftlich kaum jemand zu zweifeln. Aber wie gelingt dieses scheinbar so einfache Vorhaben? Woher nehmen wir neue Gedanken, die dann hoffentlich auch gleich den Weg in ein neues Handeln ebnen – oder zumindest den ersten Schritt in ein gelungenes, vielleicht sogar glückliches Leben ermöglichen?

Denn – auch wenn viel darüber gesprochen wird – das reine Denken oder auch Nachdenken hat derzeit keinen allzu guten Ruf. Und schon gar nicht die Disziplin, die sich am meisten damit beschäftigt: die Philosophie. Schließlich brauchen wir keine kryptischen Bandwurmsätze, die kaum jemand versteht, sondern wollen endlich Taten sehen – in der Politik, der Wirtschaft, im Bildungswesen. Am liebsten hätten wir ein Handeln, das ohne komplexe Gedanken auskommt: Möglichst schnell auf den Punkt kommen, klare Entscheidungen treffen und dann eine effiziente Lösung präsentieren, die sich auf wenigen Power-Point-Folien abbilden lässt. Das verspricht Erfolg und Erfolg macht glücklich – denken wir.

Gerade dieses Vorgehen hat aber meist wenig mit dem Denken zu tun. Es ist oft genug purer Aktionismus, der uns die Ärmel hochkrempeln lässt, aber den Kopf ausschaltet. So wird das Nachdenken, insbesondere das philosophische, auf etwas reduziert, das sich feinsinnige Geister leisten, während andere hart arbeiten müssen.

Haben wir überhaupt Zeit, uns Gedanken zu machen, zu philosophieren? Wenn wir das Ziel eines glücklichen Lebens nicht aus den Augen verlieren wollen, dürfen wir keine Zeit verlieren – Zeit ist Geld, wollen wir also wirklich in etwas investieren, das sich selbst als „ergebnisoffen" und „unvollkommen" akzeptiert? Insbesondere in wirtschaftlichen Fragen wird die Philosophie – trotz aller Diskussionen um Wirtschaftsethik und Unternehmensphilosophie – nicht als ernstzunehmende Disziplin anerkannt. Es fehle ihr jeder Ehrgeiz und dazu die Bereitschaft, allein finanzielle Zielsetzungen als geistige Leitlinien anzuerkennen. Schlimmer noch: Eine ihrer neuzeitlichen Kernmethoden wendet sich sogar gegen jedes Erreichen klar gesteckter Ziele: der Zweifel.

„Cogito ergo sum: Ich denke bzw. zweifle, also bin ich." Spätestens seit René Descartes zweifelt die neuzeitliche Philosophie an allem, nur nicht an sich selbst. Es geht ihr allein um die „Liebe zur Weisheit" und eine bloße Annäherung an die Phänomene des Lebens, die sich oft nicht auf das Konkrete des wirklichen Lebens einlassen will – was auch immer dieses Konkrete so ganz genau ausmacht. Statt sich einmal in der Praxis – was auch immer das genau sein mag – umzuschauen, will das philosophische Denken ständig Begriffe klären und auf umständlichsten Wegen die Seinsfrage diskutieren.

Dieses Bild der Philosophie ist weit verbreitet, und nicht immer zu Unrecht. Worin liegt also der Mehrwert der Philosophie in einer Zeit, in der es doch um weit wichtigere Fragen zu gehen scheint als die nach dem Sein? Die pragmatischen Kritiker plädieren laut dafür, zunächst die grundsätzlichen Fragen, Strategien und Reformen zu erarbeiten, und dann ließe sich doch in aller Ruhe über das Leben philosophieren.

Aber genau an dieser Stelle gilt es einen Moment innezuhalten: Ist das wirklich so? Wissen wir tatsächlich, wonach wir fragen sollen? Was führt eigentlich momentan unsere geistige Agenda an – was ist das Wesentliche?

Geredet wird darüber sehr viel – keine Frage, aber: Wissen wir tatsächlich, was unsere Welt im Innersten zusammenhält, wie komplexe Prozesse verlaufen, wie „Gesellschaft" funktioniert, was ein erfolgreiches Unternehmen steuert oder wie „gute" Bildung aussehen muss? Was bedeutet es eigentlich, „glücklich" zu sein? Haben wir wirklich begonnen, diesen Themen *nachzudenken,* ihnen möglicherweise ihren ganz eigenen Raum zu geben? Wissen wir überhaupt, was damit gemeint ist?

An vielen Stellen zeigt sich eher eine Reproduktion des „Ewig-Selben". Die Verpackung ist neu, die Thesen etwas umformuliert, die Gesichter ausgetauscht, aber die Strukturen bleiben dieselben. Es ergeben sich keine neuen Möglichkeiten zu einem Aufbruch im Denken, weil ihm der Weg, den es einzuhalten hat, vorgegeben wird. Nicht erst in der aktuellen Krise der globalen Märkte zeigt sich, dass die alten Denkstrukturen „schneller-weiter-höher" nicht mehr taugen, um zukunftsfähige Antworten zu produzieren. Überall werden die Grenzen des Wachstums deutlich (diese Grenzen sind in der gleichnamigen Studie des Club of Rome von Dennis Meadows aus dem Jahr 1973 klar beschrieben), und das Schulterzucken ehemals erfolgreicher Börsianer oder die Parolen politischer Wahlkämpfer lassen kaum auf neue Ideen hoffen.

Dennoch üben wir uns zuerst einmal tapfer darin, die alten Antworten und Gedanken auf Hochglanz zu polieren, um uns selbst zu blenden. Der Weg ins Glück sieht anders aus. Vielleicht täten wir also gerade in dieser Situation gut daran, uns doch einmal an die Philosophie zu wenden und ganz einfach zu fragen, was sie da eigentlich tut, wenn sie denkt. Vielleicht kann sie ja auch so antworten, dass man sie versteht.

Das Hauptanliegen dieses Buches ist es, das Denken als Handeln hervorzuheben und Theorie und Praxis nicht als ewige Gegensätze stehen zu lassen. Das Glück, das sich aus dieser Verbindung ergibt, ist nicht das persönliche Glück eines hedonistischen Lebensstils – sondern das Gefühl, gestalten, nach vorn denken, zu etwas Neuem aufbrechen zu können. Ein Aufbruch im Denken kann nur dann ein tatsächliches Umdenken nach sich ziehen, wenn wir das eine nicht ohne das andere denken wollen und können. Jede Handlung sollte auf einen Gedanken zurückzuführen oder von ihm geleitet sein – sonst haben wir es mit leerem

Gerede oder Getue zu tun, und davon gibt es derzeit mehr als genug. Wenn wir also das Denken als Handeln begreifen wollen, kommen wir um die Philosophie nicht herum. Sie ist die Disziplin, die die Fähigkeit des Denkens am stärksten betont, aber auch sie geht mit der ganz konkreten Welt um und sollte an den Fragen ebendieser Welt gemessen werden. Ein philosophischer Gedanke muss machbar sein, was nicht bedeutet, dass jeder ihn jederzeit verstehen können muss. Dafür braucht es manchmal Übersetzer, und eben darum geht es in diesem Buch. Es werden keine einzelnen Philosophen oder Programme vorgestellt, sondern immer wieder Querverweise zu verschiedenen philosophischen Denkern gezogen, die das Denken selbst in den Blick nehmen. Allen ist dabei gemeinsam, dass sie das philosophische Denken nicht als ineffiziente Grübelfalle oder schmerzhafte Selbsterfahrung ansehen, sondern als eine wertvolle menschliche Fähigkeit, die Orientierung und Ordnung stiftet, sowohl im persönlichen wie im gesellschaftlichen Leben – und nur hierin lässt sich so etwas finden wie ein glückliches Leben.

Dieses Buch soll Impulse dafür liefern, wie sich philosophische Perspektiven und Denkweisen für aktuelle Fragestellungen nutzen lassen – gesellschaftlich wie persönlich. Wir sind in der glücklichen Lage, uns dank unserer Gedanken und unserer Sprache darüber verständigen zu können, was wir tun und warum wir es tun. Diese Begabung ist wunderbar, aber sie braucht manchmal Anstöße von außen, um nicht in den selbst geschaffenen Strukturen und Ordnungen zu erstarren oder gar zu verkümmern. Dann entsteht nämlich das, was wir häufig vorfinden, wenn es um Wandel und Veränderung geht: die Hürden eines bürokratischen Denkens, das zu wissen meint, welche Ordnung die einzig richtige ist. Dieses Denken findet sich nicht nur in Amtsstuben und Behörden, sondern selbst in scheinbar hochdynamischen Kontexten von Unternehmen und Finanzmärkten. Um die Wesenszüge eines bürokratischen Denkens und seine Grenzen wird es im einführenden Kapitel des Buches gehen.

Die weiteren Kapitel fragen nach den Hintergründen: Welches Denken prägt uns, welche Rolle spielt die Wissenschaft, wie gehen wir mit Denksystemen bzw. einzelnen Disziplinen um? Dazu werden auch Anregungen aus der Hirnforschung herangezogen, Ideen der Quantenphysik vorgestellt oder das Denken der Medizin in Schul- und Komplementärsystemen dargelegt, um zu zeigen, wie sich auch Wissenschaft und Forschung immer wieder mit den eigenen Grenzen beschäftigen, beschäftigen müssen. Im Gegensatz zu einer scharfen Trennung verschiedener Denkweisen soll es um die neugierige Annäherung der Disziplinen an genau diesen Grenzen gehen. Wie fragt ein Philosoph nach dem Wert von Geld? Was ist irrationaler als der Verlauf von Aktienkursen? Entscheidungen, die auf diesem Parkett getroffen werden, sind alles Mögliche, aber ganz sicher nicht nüchtern und logisch. Was bedeutet Erfolg, wenn wir ihn tatsächlich einmal „erfolgen" lassen? Wenn es also weniger um Leistungskataloge geht als um die Möglichkeit, dass sich die Ergebnisse eines Prozesses in seinem Verlauf ergeben? Wie lässt sich die Idee der Bildung anders fassen als im Sinne einer immer schnelleren Ansammlung von Wissen und Information? Was bedeutet eigentlich Gesundheit, wenn wir uns diesen Zustand nicht allein als die Abwesenheit von Schmerzen vorstellen?

Jede theoretische Antwort auf diese Fragen kann nur eine Orientierungshilfe sein, aber keine logische und ganz sicher keine letzte Lösung. Wo auch immer wir hinschauen, die Welt besteht aus weitaus mehr als logischen Zusammenhängen, und wir müssen lernen, uns darin zu bewegen. Das gelingt nur, wenn wir unseren Verstand nicht auf das reduzieren, was er uns mit seinem eingeschränkten Weltbild theoretisch erklären und beweisen kann. Auch oder vielleicht gerade das bedeutet Denken.

In den letzten beiden Kapiteln geht es darum, diese grundsätzlichen Fragestellungen auf das persönliche Denken zu übertragen. Wie gelingt es, die individuelle Richtung der Gedanken zu erkennen und möglicherweise umzukehren? Was kann die Philosophie dazu beitragen, an der inneren Haltung zu arbeiten, ohne dass sich dafür immer die äußeren Umstände ändern müssen? Wie gelingt es dem Einzelnen, eine Distanz zu vorgegebenen Denkmustern zu entwickeln und eigene Muster zu gestalten? Und welche Rolle spielt dabei die Freude, die das Denken selbst bereiten kann?

Dieses Buch möchte dazu einladen, sich Gedanken zu machen, nicht als Pflicht im kantischen Sinn, sondern als Appell an die eigene Neugier, die Lust an einer persönlichen Lebensgestaltung und die Sicherheit, die eine eigene Überzeugung mit sich bringen kann. Der Philosoph Harry G. Frankfurt hat dazu vor kurzem eine wunderbare Schrift mit dem Titel „Bullshit" veröffentlicht, die zeigt, dass vieles von dem, worüber wir reden, was uns in den Medien, im Gespräch mit den Nachbarn oder in Form von politischer Wirklichkeit begegnet, eben nichts mehr mit wirklicher Überzeugung zu tun hat. Es wird „bullshit" produziert, und wichtig ist dabei allein das Erzeugen von Wirkung, das Erregen von Aufmerksamkeit – der Bezug zu einer möglichen Wahrheit kommt darin kaum noch vor. Frankfurt bringt es auf den Punkt: Bullshit hat überhaupt kein Interesse an der Wahrheit, nicht einmal in Form ihrer Negation, als Lüge. Der Bullshit, der uns tagtäglich in Worten und Gedanken umgibt, ist damit nicht einmal falsch, er ist hohl und leer – das Gegenteil von Glück.

Die Philosophen und Denker, die in diesem Buch versammelt werden, setzten sich allesamt dafür ein, dass sich eine solche Form der Wirklichkeit nicht durchsetzen kann, ihre Gedanken und Thesen sind heterogen, manchmal widersprüchlich, und sie haben ganz sicher nicht auf alles eine Antwort, aber sie sind sich in einem Punkt einig: Sie sehen die Philosophie als eine lebendige Disziplin, die sich wahrhaftig um das Verstehen unserer Wirklichkeit bemüht und nicht an den Grenzen des rational Erkennbaren haltmachen will. Ihre Perspektiven sind dabei gerade in ihrer Unterschiedlichkeit hilfreich, um auch das eigene Denken (wieder) in Bewegung zu bringen.

Unter anderem wird es um das politische Denken Hannah Arendts gehen, einer Philosophin, die schon Ende der 50er Jahre das „tätige Denken" ins Zentrum eines ihrer Werke gestellt hat und mit dem Titel ihres Buches „Vita activa" für einen lebendigen Geist plädiert, der den traditionellen Gegensatz von Denken und Tun aufhebt. Bei der Frage nach einem intuitiven Zugang zu den eigenen Gedanken gibt der französische Philosoph Henri Bergson interessante Antworten, die einen sehr eigenen Zusammenhang von Instinkt, Intuition und Intellekt nahelegen. Auch Martin Heidegger wird zu Wort kommen, wenn er den Zusammenhang von Handeln und Denken als unauflöslich beschreibt („Das Denken handelt, indem es denkt"), ebenso wie der Philosoph Karl Jaspers, der das Denken als ein inneres Handeln bezeichnet. Wir werden Arthur Schopenhauer und Friedrich Nietzsche zu Rate ziehen, aber auch weniger bekannte Denker wie Wilhelm Dilthey und Georg Simmel, die sich ebenfalls Ende des 19. Jahrhunderts gegen eine starre Ausrichtung des Denkens an sogenannten wissenschaftlichen Denkgebäuden gewehrt haben. Darüber hinaus werden aber auch jüngere Theorien herangezogen wie z. B. die Systemtheorie Niklas Luhmanns und hochaktuelle Gedankengänge von Natur- und Neurowissenschaftlern wie Ernst-Peter Fischer, Gerald Hüther und Peter Kruse.

In dieser Vielfalt der Perspektiven soll gezeigt werden, dass ein Denken über das Denken weder Fortschritte noch neue Programme anstrebt und dennoch alles andere als ineffizient ist. Es geht nicht darum, einzelne Denker abschließend vorzustellen, zu übertreffen oder zu widerlegen, sondern gerade durch diese Vielfalt einen Dialog zwischen dem Alten bzw. dem Gewohnten und dem Neuen anzuregen, um einen eigenen Blick auf die Welt zu entwickeln. Der Weg dorthin liegt in der wachsamen Beobachtung und Wahrnehmung dessen, was um uns herum vor sich geht, und das Ziel ist es, sich dieser Umwelt anzunehmen, ohne sie bereits im ersten Schritt nach bestimmten Kriterien zu ordnen und zu beurteilen. Dazu bietet die Philosophie viele Impulse und Perspektiven. Um daran anknüpfend einen Dialog beginnen zu können, braucht es ein Denken, das sich in der eigenen Unvollkommenheit ernst nimmt und nicht an den Rändern des Erklärbaren umkehrt oder aufgibt. Die Voraussetzung dafür ist gleichzeitig das Ziel: die wertvolle Fähigkeit, selbständig zu denken – und zu handeln. Erst dann kann sich das entfalten, was den Aufbruch im Denken so erstrebenswert macht.

Die gegenwärtige sogenannte Krise zeigt nicht nur ein Versagen gesellschaftlicher Systeme wie Wirtschaft und Finanzen. Sie zeigt eine Hilflosigkeit, die kultureller und geistiger Natur ist. Viele der politischen Maßnahmen und Rettungspakete spiegeln den Wunsch wider, den Menschen die Sicherheit zurückzugeben, in der sie sich lange wohl gefühlt haben – auch wenn dies zum Teil eine verklärte Erinnerung sein mag, die Bequemlichkeit mit Güte verwechselt. Die Rückkehr in die eigene Komfortzone ist angesichts der drängenden Themen, die weit über den Zusammenbruch nationaler Börsen hinausgehen, kaum eine ernstzunehmende Lösung. Es fehlt der Mut zu echten Alternativen, der Appell an ethische Verantwortung verhallt im Donnergetöse von Abwrackprämien und Milliardenbürgschaften. Dabei sollte es doch gerade in dieser Zeit darum gehen, den Einzelnen an seine ganz persönliche Rolle in einem gesellschaftlichen Miteinander zu erinnern und auf das Glück aufmerksam zu machen, das darin liegt, eine solche Herausforderung anzunehmen. Der Aufbruch im Denken bedeutet daher zunächst einen Aufbruch in das eigene Denken, das sich in ungewohnter Weise selbst zum Thema macht. Es geht um eine Betonung des Individuellen, das nichts mit Ellenbogen und Egoismus zu tun hat, sondern die Voraussetzung eines tatsächlich gemeinschaftlichen Handelns bildet.

Nur wenn ich meine eigene Position kenne, kann ich mit meinem Gegenüber in einen echten Dialog eintreten, mich auch in der Abgrenzung immer wieder selbst ausrichten. Schon in einer ersten Gegenüberstellung von Innen und Außen zeigt sich oft, wie eindimensional unsere Vorstellungen von dem sind, was das Denken ist, wie wenig wir dem Denken nachdenken, wie Heidegger es einmal formuliert hat, und wie selten wir es als „stilles Gespräch der Seele mit sich selbst" (Platon) ernst nehmen. Erst auf dieser Grundlage kann auch in einem gesellschaftlichen Dialog etwas tatsächlich Neues entstehen.

So ist dieses Buch ganz im Sinne Karl Jaspers' für all diejenigen gedacht und geschrieben, „die beginnen, sich zu verwundern, auf sich selbst zu reflektieren, Fragwürdigkeiten des Daseins zu sehen". Es ergibt nur „Sinn für solche, die das Leben als persönliche, irrationale, durch nichts aufhebbare Verantwortung erfahren." Dass diese Form der Verantwortung nur durch einen (selbst)bewussten Umgang mit den eigenen Gedanken entstehen kann – für jeden Einzelnen und im Rahmen gesellschaftlicher Systeme wie Wirtschaft und Politik, dafür steht dieser Aufbruch. Das Ziel liegt darin, durchdachte Strukturen zu schaffen, die in ihrer Glaubwürdigkeit – und nicht allein in ihrer Abgeschlossenheit und Effizienz – Stabilität und Orientierung schaffen. Nur so kann es gelingen, aktuelle Schlagworte wie Nachhaltigkeit und Corporate Citizenship, Wirtschaftsethik und politische Moral mit der Wahrhaftigkeit in Taten umzusetzen, die notwendig ist, um Antworten auf die dringenden Fragen der Gegenwart denken zu lernen. Mit Jaspers gilt es dabei, nicht den Anspruch zu erheben, das lebendige Denken schaffen oder gar lehren zu wollen, sondern an die „freie Geistigkeit und Aktivität des Lebens" zu appellieren.

Ina Schmidt, Reinbek im März 2010

# 1 Die Herrschaft des Niemand oder der Sieg der Gedankenlosigkeit

> Viele Menschen würden lieber
> sterben als denken.
> Und in der Tat, sie tun es.
>
> Bertrand Russell

**Ein Aufbruch im Denken** bedeutet den Aufbruch in eine andere Art zu denken. Es geht nicht darum, andere Inhalte oder neue Themen zu finden, sondern „anders" über die Dinge nachzudenken, die uns zurzeit beschäftigen. Ein anderes Denken sucht sich seine Inhalte in den scheinbaren Selbstverständlichkeiten, die jeden von uns umgeben, und bemüht sich dabei, den eigenen Fragen voraussetzungslos zu begegnen, d. h. ohne schon im Ansatz eine Bewertung mitzudenken. Das Einfache an dieser Aufgabe ist dabei gerade das Schwierige, denn es kehrt, wie es der französische Philosoph Henri Bergson einmal sehr schön beschrieben hat, die „gewohnte Richtung" des Gedankens um. Wir wechseln die gewohnte Perspektive, wenn wir plötzlich den Gang der Welt hinterfragen, der uns bisher als gegeben erschien, die Geschehnisse, die diese Welt zusammenhalten, und stellen fest, dass vieles davon auch ganz anders sein könnte: Wer sagt, dass wir morgens um acht mit der Arbeit beginnen müssen? Wer hat festgeschrieben, dass unsere Kinder im gleichen

Alter alle gleichzeitig die gleichen Dinge lernen müssen? Wer sagt, dass die Arbeit eines Managers mehr wert ist als die einer Krankenschwester? Wer hat behauptet, dass wichtige Entscheidungen immer so objektiv wie möglich sein müssen, und was heißt eigentlich „objektiv"? Solche Fragen lassen sich endlos weiterstellen, und dabei tun sich ungeahnte Möglichkeiten auf.

Mit dem Philosophen Martin Heidegger gibt es kaum etwas, das nicht einen Gedanken verdient hätte: „Alles Bedenkliche gibt zu denken" und dieses Bedenkliche können wir den Dingen selbst entnehmen, um sie dann zum Gegenstand unserer Gedanken zu machen. Es liegt also an uns, die Welt mit Hilfe unserer Gedanken zu gestalten. Allerdings gibt es laut Heidegger auch eine Schwierigkeit, denn dieses zu Bedenkende der Dinge entzieht sich gleichzeitig unserem Wunsch, bedacht zu werden, also müssen wir die Dinge gedanklich verfolgen, ohne sie dabei begrifflich in Besitz nehmen – also „fest stellen" – zu wollen. Ein solches Denken braucht Raum, es braucht Zeit, den Mut und die Bereitschaft, seinen Standpunkt zu verändern, um die Dinge von verschiedenen Seiten betrachten zu können.

Das, was in einem solchen Denken häufig als Rütteln an etablierten Werten und Traditionen anmutet, hat aber weder Zerstörung noch Verunsicherung zum Ziel – auch wenn dabei hin und wieder ein Denkmuster auf der Strecke bleibt –, sondern macht deutlich, wie häufig wir eindimensional denken und wie viele Möglichkeiten wir einfach nicht ausschöpfen.

## Der Mensch ist ein Gewohnheitstier

Allerdings ist der Weg in ein solches Denken alles andere als leicht zu gehen. Denn nicht nur das zu Bedenkende der Dinge scheint sich zu entziehen, sondern auch unser eigener Denkapparat ist nicht gerade begierig darauf, sich auf neue Wege einzulassen. Nach Bergson ist unser Geist nun einmal so beschaffen, „dass er das Neue erst zu begreifen beginnt, nachdem er alles versucht hat, um es auf das Bekannte zurückzuführen". Das ist am bequemsten und verspricht eine gewisse Sicherheit. Wir alle kennen das – wir setzen andere Ansichten, andere Überzeugungen, uns Neues und Fremdes in Bezug zu dem, was uns vertraut und damit das vermeintlich Richtige ist. Das ist an sich kein Problem, sondern eine sehr notwendige Methode, denn wie sollten wir auch anders vorgehen? Das Neue erschließt sich nicht von selbst, es will „ent-deckt" werden, und in den hektischen Situationen des Alltags fehlt oft die Zeit oder die Kraft, sich irgendeinem Entdeckergeist zu widmen.

Aber es gibt einen gravierenden Unterschied zwischen einer geistigen Bequemlichkeit, die einfach keine Kraft und Energie in neue Gedanken investieren will, und dem Kraftakt, den es kostet, neue Entwicklungen oder veränderte Gegebenheiten in alte Rahmen zu pressen. Nur allzu oft vermeiden wir bewusst, das Neue als etwas Neues kennenzulernen, um es dann behutsam in ein Verhältnis zu dem Gewohnten zu setzen, sondern stopfen das Neue ohne auch nur hinzusehen in die gewohnten Denkmuster – einfach, weil es die einzigen sind, die wir kennen bzw. für richtig halten. Schublade auf – Schublade zu. Daraus entsteht ein hübsches Baukastensystem, aber nichts anderes und schon gar nichts Neues. Darüber täuschen auch schnell einberufene Arbeitsgruppen, Kommissionen oder innovative Teamstrukturen nicht hinweg, in denen meist viel geredet, aber nicht immer wirklich gedacht wird. Gerade dort wird nicht selten vergessen, wie viel Kraft, Geld und Zeit es kostet, etwas Unpassendes scheinbar passend zu machen und es dann auch noch als die richtige Lösung anzupreisen. Dennoch scheint uns diese Anstrengung weitaus weniger Sorgen zu bereiten als der tatsächliche Umgang mit etwas, das wir nicht kennen: mit dem Neuen oder Anderen.

Sich darauf einzulassen ist möglicherweise die größte Herausforderung für den menschlichen Geist, denn zunächst scheinen ihm die rechten Instrumente dafür zu fehlen. Wir sind gewohnt – und auch das ist lediglich eine geistige Tradition und keine Wahrheit –, dass unsere Gedanken linearen, d.h. aufeinander folgenden und am liebsten monokausal zusammenhängenden Ereignissen folgen, die am Ende so etwas wie eine klare Struktur ergeben. Darin sammeln wir Daten und Fakten, tauschen Erfahrungen aus und einigen uns, wenn alles gut läuft, auf den kleinsten gemeinsamen Nenner, den wir dann Konsens nennen. Damit ist alles Mögliche erreicht, aber das Ergebnis hat nichts mit Erkenntnis oder der wahren Natur der Dinge zu tun. Die Welt, die sich auf einem solchen Fundament errichten lässt, beschränkt sich auf das, was unter den aufgestellten Kriterien Platz findet, sie ist eine rein menschliche Konstruktion. Das ist zunächst eine völlig wertfreie Feststellung, denn auch diese Konstruktion ist eine Leistung, eine gestalterische und schöpferische Form, mit der Welt umzugehen, um sich einen Überblick zu verschaffen. Außerdem, hören wir uns oft zu unserer eigenen Rechtfertigung sagen, ist es doch mühsam genug, sich überhaupt eine kleine Welt aufzubauen, in der wir uns zurechtfinden – warum also immer wieder der Wunsch nach Veränderung?

Weil es – und diese Erklärung ist ebenso einfach wie schwer greifbar – in der Natur der Dinge, der Welt, des Menschen liegt, dass organische Zusammenhänge keinen linearen Ereignissen folgen, die wie Zahnräder artig ineinandergreifen, sondern stetig und unberechenbar in Bewegung sind, sich entwickeln, Prozesse bilden und keine statischen Gebilde bleiben. Die Sehnsucht nach Gewohnheit und Stabilität ist zwar menschlich und verständlich, führt aber oft dazu, dass wir den Zugang zu den wesentlichen Fragen verlieren, weil uns der Kontakt zu einer Welt verloren geht, die sich weit über die Konstruktionen unseres Verstandes hinaus erstreckt. Oft ist es dieser Verlust, diese empfundene Kluft, die das Gefühl von Unsicherheit auslöst, und viel weniger die tatsächliche Veränderung oder das Neue, das uns in einer sich wandelnden Welt begegnet.

## Die Welt als Schreibstube: Das Denken der Bürokratie

Ein Denken, das sich in fest gefügten Strukturen aufhält, ohne die Bereitschaft, sich für Neues, Anderes, Fremdes zu öffnen, bleibt beschränkt und reduziert. Es ist die Grundlage für ein bürokratisches Amtsstubendenken, das mit der lebendigen Welt nicht viel zu tun hat, sondern die Ordnung einer wie auch immer gearteten Verwaltung widerspiegelt. Der Begriff der Bürokratie (franz.-griech., „Schreibstubenherrschaft") steht traditionell für eine kurzsichtige und engherzige Beamtenwirtschaft, die das Verwalten der Ordnung an die Stelle der gesellschaftlichen Bedürfnisse setzt. Eine solche Verwaltung sorgt dafür, dass die

Dinge bleiben, wie sie sind, sie bewegt sich im Bestehenden. Auch scheinbar hochdynamische Bereiche wie Investmentbanking und Social Networking sind auf ihre Weise eine Welt, die das Bestehende aufrechterhält und verwaltet – nur auf anderer Ebene. Sie sind so sehr damit beschäftigt, Mobilität, Flexibilität und Veränderung als formale Bedingungen ihres Tuns zu betonen, dass ihnen das Wesen ihrer eigenen Tätigkeit abhandenkommt. Es bleibt leer.

Auf das Denken bezogen tun wir in beiden Fällen also genau das, was gerade beschrieben wurde. Wir bewegen uns in Altbekanntem, schieben es von rechts nach links, öffnen Schubläden und Baukästen und schaffen ganz bewusst nichts Neues, wir gestalten nicht, sondern geben dem, was da ist, eine überschaubare und fassliche Ordnung. Das verwaltende Denken ist sehr nützlich und zweckgebunden, daher eignet es sich wunderbar dazu, sich wiederholende und gleich bleibende Prozesse zu koordinieren. Es wird aber in dem Moment zum Problem, wenn die Ordnung selbst zum Zweck erhoben wird und wir damit ignorieren, dass sich komplexere Prozesse und lebendige Entwicklungen nicht in Baukastensystemen unterbringen lassen. Dann verliert der ursprüngliche Wert eines bürokratischen Denkens (den insbesondere Max Weber herausgestellt hat) an Bedeutung und verkehrt sich in sein Gegenteil. Das, was Weber als Schutz vor Willkür oder Bevorteilung Einzelner hervorgehoben hat, entwickelt sich zu einem Denken, das den Bezug zum Kontext verliert und Formulare mit menschlichen Fragestellungen oder Konfliktsituationen gleichsetzt. Die Bürokratie verhindert jede Möglichkeit einer fortschrittlichen Entwicklung, weil sie keinen Bezug zu den gelebten Werten herstellt – ja, sogar den Anspruch erhebt, gerade diesen Bezug zu vermeiden.

Hannah Arendt hat das bürokratische Denken als eine „Herrschaft des Niemand" bezeichnet, weil es sich in Denkgebäuden, Schubladen und bunten Formularen einrichtet. Der einzelne Mensch gibt damit die Verantwortung für ein selbständiges Denken auf, er passt sich der Struktur an und nicht umgekehrt. Ein solches Denken kann kein Fundament für ein selbständiges Handeln sein, es funktioniert nur noch. Der Mensch zieht sich in eine rein formale Ordnung zurück und reagiert ausschließlich auf äußere Umstände – wenn es gut läuft – wie ein gut geölter Mechanismus. Aber er agiert nicht mehr wie der selbständige, menschliche Organismus, der er eigentlich ist, und bleibt damit weit hinter seinen Möglichkeiten.

## Aus gewohnten Denkmustern ausbrechen

Um das bürokratische Denken aufbrechen zu können – der Philosoph Karl Jaspers hat schon zu Beginn des 20. Jahrhunderts solche Denkgebäude als „Gehäuse" bezeichnet, die uns wie ein Panzer umgeben –, gilt es zunächst, Abstand zu den eigenen Denkmustern zu gewinnen und die Muster selbst zu thematisieren. Ein Denken, das sich zu sich selbst ins Verhältnis setzt, basiert auf Reflexion, einer der großartigsten Gaben, die immerhin den Menschen vom Tier unterscheiden und wohl eine der interessantesten Entwicklungen der Evolution sind.

Das Denken wird in dem Moment, in dem es sich selbst zum Thema macht, zu einem „tätigen Denken", das nicht nur abstrahiert, sondern wahrnimmt, was es zu abstrahieren gilt. Es setzt sich zum Ziel, Dinge in Frage zu stellen, Gespräche anzuregen, neue Perspektiven kennenzulernen, den Dialog und nicht das einsame Studium als Basis seiner Arbeit zu nutzen. Damit bedeutet ein Aufbruch im Denken die Abkehr von der bürokratischen „Herrschaft des Niemand" und die Beschäftigung mit dem Ganzen: mit dem Kontext einer Situation, den Menschen, die daran beteiligt sind, sowie deren bestehenden Maßstäben und Kriterien. Es bezieht rationale Strukturen, die sich logisch erklären lassen, ebenso ein wie irrationale und sinnliche Einflüsse, die sich ebendiesem Zugang entziehen, und befreit sich selbst von dem selbst gesetzten Ziel einer Objektivität, das niemals zu erreichen ist. Dieser offene Umgang mit dem, was sich zeigt, darf dabei aber nicht in ein willkürliches Einerlei abgleiten, das entweder aus Gleichgültigkeit oder Überforderung hervorgehen kann. Es ist bei aller Offenheit notwendig, die eigenen Grenzen nicht aus dem Blick zu verlieren, innerhalb deren sich allein ein Blick für das Ganze entwickeln lässt.

## Selbstbegrenzung oder die Grenzen der Freiheit

Damit also in dieser „Ganzheitlichkeit" und Subjektivität von einem tätigen Denken gesprochen werden kann, muss es nicht nur um das Aufheben von (bürokratischen) Grenzen gehen, sondern auch um die Notwendigkeit, eigene Grenzen zu setzen: In der Flut von Informationen, die tagtäglich auf uns einströmen, braucht es ganz persönliche Ordnungen und Gerüste, damit wir uns nicht in all der Dynamik verlieren. Wie aber gelingt eine solche Gratwanderung? Wie gestaltet sich ein Rahmen, der einerseits Halt verspricht, andererseits aber so elastisch ist, dass er sich Veränderungen anpassen kann?

Der wichtigste Schritt besteht darin, den eigenen Rahmen überhaupt einmal ins Visier zu nehmen und zu klären, worin wir uns eingerichtet haben: Suchen wir geistigen Halt in einem starren – bürokratischen – Gebäude, das uns das Denken abnimmt, bemühen wir uns um einen Rahmen, der eigene Frei- und Spielräume beinhaltet und damit Raum für Gestaltung zulässt? Oder hat sich der Wunsch nach persönlicher Freiheit für uns zu einer Art Selbstzweck entwickelt, der jede Form von Struktur schon als Beschränkung empfindet?

Im ersten Fall geht es uns vorrangig um Sicherheit und Stabilität. Dabei verlieren wir den Blick und das Gespür für die Veränderungen, die um uns herum vor sich gehen. Die Welt wird, ohne dass wir es merken, eine andere, und wir verlieren allmählich den Bezug zu ihr. Das bedeutet zwar eine gewisse Form von Sicherheit, aber auch Stillstand, den Rückzug in die eigenen vier Wände innerhalb eines möglicherweise völlig veralteten Denkgebäudes – Gardinen zu!

Im zweiten Fall suchen wir nach einer Art Gleichgewicht, das sich allerdings immer wieder der gegebenen Situation anpassen muss, gern und häufig aus der Balance zu geraten scheint und dennoch der einzig anzustrebende Rahmen sein kann. Denn die dritte Möglichkeit beschreibt den Gegensatz zum bürokratischen Sicherheitsdenken und damit nur das andere Extrem. Wir leben getrieben von der Sehnsucht nach individueller Freiheit und stürzen uns in eine Welt, die von einem scheinbar unstillbaren Drang nach „Neuem" geprägt ist, den wir am Rande der

Erschöpfung zu bedienen versuchen. Hier ist der notwendige Rahmen vollständig abhandengekommen: Innovation, wohin das Auge blickt, Schnelligkeit als Zeichen von Qualität und die beständige Sorge, nicht darauf reagieren zu können, prägen das Bild. Persönliche Freiheit kann sich auch so nicht entfalten, denn der Blick für das Wesentliche, die eigenen Fähigkeiten und Ziele, wird immer verschwommener, wenn Letztere denn überhaupt noch im Blickfeld der eigenen Entscheidungen liegen.

Es geht es um die Notwendigkeit eines ganz persönlichen Gleichgewichts zwischen Sicherheit und Stabilität auf der einen und Freiheit und Neugier auf der anderen Seite.

Im bürokratischen Denken hat die Stabilität ein deutlich zu großes Gewicht, in der Ablehnung jeder Form von Struktur und Reglementierung geht jede Gestaltungskraft im schöpferischen Chaos unter.

Statt im gewohnten „Entweder-oder" stecken zu bleiben, brauchen wir ein stabiles „Sowohl-als-auch", ein scheinbares Paradox, das aber nur deshalb einen Gegensatz markiert, weil wir gewohnt sind, es als Gegensatz zu denken. Wenn wir unser lineares Denken verlassen, dann verliert ein Denken im „Dazwischen"– so wie Hannah Arendt es schon in den 60er Jahren thematisiert hat – den Beigeschmack einer unentschlossenen Vorstufe des Scheiterns. Entscheidend dabei ist die bewusste Haltung, die Klarheit, mit der ich dieses Dazwischen sehen kann – sofern ich es bewusst wähle und durch die selbst gezogenen Grenzen auch wieder verlassen kann. Lasse ich mich auf ein strukturiertes Denken ein, das nicht der Weisheit letzter Schluss sein will, dann ergibt sich eine andere Art zu denken und wie von selbst eine neue Perspektive auf die Unabgeschlossenheit des eigenen Denkens, Handelns – und Lebens.

## Ein Denken ohne Geländer

Der Aufbruch im Denken steht also zunächst für das Aufbrechen von und Ausbrechen aus veralteten Mustern. Das Denken in neuen Bahnen braucht neben dem Verständnis, dass das Alte bzw. Gewohnte nicht das allein Seligmachende ist, den Mut, alte Geländer abzureißen, nicht nur um zu lernen, ohne sie auszukommen, sondern auch um neue entstehen zu lassen – eben jene Grenzen, ohne die wir uns selbst verloren gehen.

Zunächst lässt sich diese „Destruktion“ bzw. „Dekonstruktion“ als eine Art Experiment in einem geschützten Raum vorstellen, als das spielerische Umgehen mit neuen Ideen – die aber die nötige Ernsthaftigkeit besitzen, um dem Neuen auch die Chance zu geben, das tatsächlich Bessere oder gar Gute zu sein und den Weg in die Umsetzung zu ebnen.

Im nächsten Schritt bedeutet ein solcher Aufbruch das Loslassen bzw. Hinter-sich-Lassen der überkommenen Strukturen, ohne sofort den Blick auf den Wiederaufbau zu richten. Ähnlich dem Aufbrechen zu einer geistigen Entdeckungsreise, die uns möglicherweise in fremde und neue Gefilde führt und deren Bereicherung erst bei der Rückkehr deutlich wird, wenn wir im Reisegepäck einen neuen Blick auf die Welt mitbringen.

## Unser Denken gestaltet unsere Welt

Die wichtigste These dieses Buches ist damit bereits formuliert: Wir gestalten unsere Welt, indem wir sie denken – wie auch immer unsere Gedanken dazu aussehen. Wir bestimmen die Farben, die Möglichkeiten, die Optionen, wir gestalten sie und nehmen dadurch Einfluss, ob wir es wollen oder nicht. Allein die Entscheidung für eine bestimmte Perspektive unter vielen möglichen beeinflusst unsere Sicht auf das, was später Teil unseres Handelns sein wird.

Dieses Potenzial, das in unserem Denken liegt, lässt sich bis in die Antike zurückverfolgen, wenn wir an die sokratische Philosophie denken. Hannah Arendt hat in einer ihrer Schriften das Denken als „gefährlich“ beschrieben und damit ein geistiges Aufrütteln gemeint, das schon Sokrates durch seine Fragen an die Athener anstrebte. Arendt beschreibt die sokratische Philosophie durch drei sehr anschauliche Bilder: Zunächst wirkt sie wie eine „Stechfliege“, die mit ihren Fragen die Menschen wachrüttelt, aufregt und zum Teil in ihrer vermeintlichen Ruhe stört. Dies geschieht aber nicht aus Boshaftigkeit, sondern aus der Überzeugung des Sokrates heraus, dass das menschliche Leben ohne das Denken nicht lebendig sein könne.

Das zweite Bild ist das einer Hebamme, mit deren Unterstützung die Gedanken erst „zur Welt kommen“ können und die gleichzeitig dabei hilft, sich alter Meinungen und Vorurteile zu entledigen. Es geht also nicht darum, Antworten zu finden, sondern die wirklichen Fragen überhaupt erst einmal zu stellen. Die dritte Metapher, die das sokratische Denken beschreiben soll, ist die eines Zitterrochens, der für die Lähmung und Verwirrung steht, in die die Menschen durch diese eigenen Gedanken gestürzt werden können. Sokrates wollte also alles andere als ein Lehrer oder Bekehrer sein, sein Ziel war es vielmehr, die Menschen mit der ihm eigenen Verwirrung anzustecken. Nur diese Verwirrung machte für ihn das Lebendige aus, und gerade nicht die Sehnsucht nach einem vollkommenen Glück oder die Abwesenheit von Fragen oder Problemen.

Damit wird auch an dieser Stelle deutlich, dass das Denken kein einfaches Unterfangen ist, dass es wirklich und tatsächlich Mut braucht, um sich auf eine solche geistige Verwirrung einzulassen, aber – und das ist und bleibt das schlagende Argument, das sich auch im Laufe der folgenden Kapitel immer wieder zeigen wird – es ist die einzige Möglichkeit, dem Leben gerecht zu werden, einen Zugang zu finden, der gerade in dieser verwirrenden Vielfalt der Möglichkeiten einen Gestaltungsraum und persönliches Glück erfahrbar macht.

Diese Weisheit ist nicht neu und wird gegenwärtig von allen nur erdenklichen Sinnsuchern und -findern gern immens strapaziert. Dennoch hat sie eine lange Tradition und philosophische Tiefe. Es ändert sich trotz aller Verfremdung und Trivialisierung nichts an ihrer Bedeutung und Tragweite, die wir oft nur deshalb nicht wahrhaben wollen, weil wir in der bereits beschriebenen Tradition eines Denkens leben, das sich an lineare Abfolgen und kausale Zusammenhänge gewöhnt hat. Daraus entsteht ein vermeintlich überlegenes Agieren, das bis an die Zähne mit Argumenten und Fakten bewaffnet eine ganzheitliche Sichtweise als naiv und unwissenschaftlich abtut und dabei übersieht, dass der Zustand der Welt unter der Herrschaft der Ratio keineswegs besser bzw. verständlicher geworden ist.

Gerade der Umstand, dass uns eben diese gewohnten Überzeugungen gegenwärtig unter den Füßen wegbrechen, sollte uns zu denken geben. Die Krise dieser Zeit konnte sich erst aus dem Festhalten an alten Denkstrukturen und dem Ausblenden der eigenen Grenzen entwickeln.

Schon vor über zehn Jahren hat sich der damalige Bundespräsident Roman Herzog in seiner Berliner „Ruck-Rede" gefragt, was eigentlich los sei mit unserem Land. Er nannte schon damals drei Aspekte, die jeden Aufbruch vermissen lassen und die er als Anzeichen einer (geistigen) Krise wertete: „Der Verlust wirtschaftlicher Dynamik, die Erstarrung der Gesellschaft, eine unglaubliche mentale Depression – das sind die Stichworte der Krise. Sie bilden einen allgegenwärtigen Dreiklang, aber einen Dreiklang in Moll."

Dieser Dreiklang in Moll wird gegenwärtig nicht mehr nur als Schreckgespenst einer satten und zufriedenen Gesellschaft hörbar, die jeden Bezug zu sich selbst verloren hat, indem sie alles und jedes in Zahlen und Bilanzen festhält, die Welt mit dem Bildschirm verwechselt und persönliche Erfahrungen durch virtuelle ersetzt. Dieser geistige Zustand ist mit einer zum Teil sehr berechtigten Zukunftsangst verknüpft und dem Wunsch nach materieller Sicherheit um jeden Preis: die Melodie einer Krise, die ihren eigenen Ursprung viel zu wenig thematisiert und stattdessen die alten Mittel und Wege nutzt, um schnellstmöglich wieder in ruhigeres Fahrwasser zu gelangen. Dass das nicht gelingen kann, wussten nicht nur Sokrates und Hannah Arendt, auch Albert Einstein wird oft und gern mit dem Ausspruch zitiert, dass sich Probleme nicht mit demselben Denken lösen lassen, das sie verursacht hat.

Auch die Berliner Rede unseres derzeitigen Bundespräsidenten Horst Köhler vor einigen Monaten spiegelt sehr deutlich wider, dass wir immer noch vor denselben Fragen stehen wie vor zehn Jahren. Nur die Dringlichkeit hat sich deutlich erhöht, so dass Köhler nicht nur die „geistige Situation der Zeit" beschreibt, sondern jeden Einzelnen an seine Verantwortung als Teil einer Gemeinschaft erinnert. Dann ließe sich diese Krise tatsächlich für einen Aufbruch nutzen, der uns allen zugutekäme: „Die große Chance der Krise besteht darin, dass jetzt alle erkennen können: Keiner kann mehr dauerhaft Vorteil nur für sich schaffen. Die Menschheit sitzt in einem Boot. Und die in einem Boot sitzen, sollen sich helfen. Eigennutz im 21. Jahrhundert heißt: sich umeinander kümmern".

Es geht also um einen Aufbruch, der voller Mut das Eigene, das Ungewohnte zulässt, um es dann in einen Dialog einzubringen. Diese Form des Egoismus bedeutet, die Gestaltung der eigenen Zukunft in einer Gemeinschaft zu denken, in der jeder auf den anderen angewiesen ist. Das eigene Wissen, Können und Denken ebendieser Gemeinschaft zur Verfügung zu stellen bedeutet, einen persönlichen Gewinn, der sich nicht auf ein „Entweder-oder", auf „Wirtschaft oder Ethik", auf „Gewinn oder Verantwortung", beschränkt. Die Bereicherung liegt in der Verbindung dieser verschiedenen Phänomene, und die gilt es denken zu lernen. Ohne eine solche Verbindung bleiben wir in der langweiligen Negation dessen, was ist, stecken. Denn die radikale Abkehr vom Alten verbleibt in einer beständigen Abhängigkeit: Es ist das Alte, nur einmal vom Kopf auf die Füße gestellt. Deshalb kann es nicht um den Gegensatz von Alt und Neu gehen, sondern um das Denken eines dynamischen Gleichgewichts zwischen beidem: Das Alte und das Neue muss sich im Denken zu einem Handeln verbinden und sich grundsätzlich wieder den Gemeinsamkeiten und weniger den Unterschieden widmen. Ein Denken ist gefragt, das die Vielfalt nicht als Gefahr, sondern als Fundus für neue Möglichkeiten erlebt und ausdrückt, das Unterschiede akzeptieren lernt, weil es die Gemeinsamkeiten zu seinem Anliegen macht, ohne sie zum kleinsten gemeinsamen Nenner zu degradieren. Auf diese Weise gestaltet das Denken die Welt bereits um, einfach weil es sie auf eine neue Weise sehen und denken lernt und damit den ersten Schritt zu einem konstruktiven Handeln eröffnet.

# 2 Denken ist Handeln

Die Freiheit Ihres Geistes
soll mir unverletzlich sein. Ihre
eigene Empfindung wird mir die
Tatsachen hergeben, auf die ich
baue, Ihre eigene freie Denkkraft
wird die Gesetze diktieren,
nach denen verfahren werden soll.

Friedrich Schiller

**Der junge Martin Heidegger** warf im Wintersemester 1919/1920 der Philosophie seiner Zeit vor, sie schleife stetig die Messer, komme aber selbst nie zum Schneiden. Sie verbleibe in einem Denken, das sich ausschließlich mit sich selbst beschäftige und vorschnell nach Systemen und letzten Begriffen suche, darüber hinaus aber vergesse, worauf es sich beziehe bzw. wie es angewandt werden könne. Damit beschreibt er den nach wie vor aktuellen Vorwurf, der der denkenden Zunft auch heute noch gemacht wird: Sie verstecke sich hinter der Theorie, ohne auf die Schwierigkeiten einer praktischen Umsetzung einzugehen.

Vieles scheint in akademischen Diskursen bereits erkannt – vielleicht gelöst? – zu sein, aber der Brückenbau in konkrete Kontexte kommt oft zu kurz oder bleibt ganz aus. Doch mit einem spöttischen Lächeln der sogenannten Praktiker kommen wir ganz sicher auch nicht weiter. Wir brauchen einen Blick für die Praxis, allerdings ohne in hektischen Aktionismus zu verfallen, der uns trotz der Suche nach Alternativen wieder einer Herrschaft der Macher ausliefern würde.

Dieser andere Blick für die Praxis bedeutet aber, dass wir in ein tätiges Denken kommen müssen, das sich selbst nicht genug ist, sondern Einfluss nehmen, sich einmischen will. Die Entschlossenheit dazu reicht allerdings nicht aus, es braucht eine klare Position innerhalb der Disziplinen in Natur- und Geisteswissenschaften, in wirtschaftlichen Fragen und medizinischer Forschung. Vertreter aller Fächer sind gefordert, nicht nur inhaltlich, sondern auch persönlich klare Standpunkte zu vertreten und für sie geradezustehen – wobei Letzteres meist die größere Hürde darstellt.

Die Klarheit, die sich aus einer eigenen Position, einer Überzeugung ergibt, ist aber eine andere als die theoretische „Klarheit" logischer Argumente oder scheinbar objektiver Forschungsergebnisse. Diese Unterscheidung ist von großer Bedeutung.

Es gilt, die eigenen Denkkriterien von denen eines rein rationalen Denkens zu lösen, das mit dem Maßstab der Logik und Monokausalität gemessen wird. Diese eigene Form der Klarheit weiß, dass das persönliche Wissen und Handeln nie endgültig und abgeschlossen sein kann. Das Kriterium für eine klare Position in diesem Sinne ist nicht Objektivität, sondern Authentizität. Durch diesen Paradigmenwechsel verändert sich die gesamte Richtung sowohl des Denkens wie auch des sich daraus ergebenden Handelns. Wenn es gelingt, eine authentische Haltung zu entwickeln, dann ist das Denken ein Handeln und alles andere als ein theoretischer Gegensatz zum Handeln.

## Authentizität statt Objektivität

Um authentisch – also glaubwürdig und wahrhaftig – sein und handeln zu können, ist es unerlässlich, das Denken als ersten elementaren Schritt jeden Handelns einzufordern und es nicht als hinderlichen Gegenspieler der Praxis zu verurteilen. Da wir ohnehin nicht nicht denken können, sollten wir es also am besten auch dafür einsetzen, herauszufinden, wie wir diese Fähigkeit möglichst optimal einsetzen, um sie sowohl für abstrakte wie für praktische Fragestellungen zu nutzen, und nicht all unsere Kraft verschwenden, indem wir gedankenlos vor uns hin wirbeln.

Um das Denken als Teil des Handelns zu begreifen, müssen wir uns klarmachen, dass es zunächst nur um das eigene Denken gehen kann, das wir uns bewusst machen und wie eine Sportart trainieren können. Denken lässt sich nicht als Imperativ formulieren. Es kann nicht von oben verordnet werden, es kann aber „vorgelebt" werden und so Einfluss auf ein Kollektiv, eine Gemeinschaft oder Gesellschaft ausüben, selbst wenn es von Einzelnen ausgeht.

Es geht also beim Aufbruch im Denken darum, uns einen Zugang zu den eigenen Gedanken zu verschaffen, der die Aspekte der Ratio ebenso ernst nimmt wie die der Intuition. Gern bemühen wir dafür bestimmte körperliche Regionen: Der Verstand sitzt angeblich im Kopf, die Intuition im Bauch. Aber auch hier haben wir es oft mit einem Denken in „Entweder-oder"-Kategorien zu tun, irgendwie scheint man sich für die eine oder die andere Seite entscheiden zu müssen. Es geht aber um das Gleichgewicht zwischen beiden, nicht um die Frage, wer die besseren Antworten hat. Der „Kopf" sollte also in jedem Fall den „Bauch" zu Rate ziehen, aber auch der „Bauch" darf nicht vergessen, sich mit dem „Kopf" zu verständigen, wenn man in dieser körperlichen Zuordnung bleiben will.

Ein authentisches Handeln braucht die stimmige Verbindung beider Quellen. Denn so wie wir nicht nur mit einem Bein gehen können bzw. es doch sehr ratsam ist, beide Beine zu benutzen, wenn wir doch schon mal zwei davon haben, so sollten wir auch im Denken beide Qualitäten einsetzen, um zum bestmöglichen Ergebnis zu kommen – einem wahrhaftigen Denken. Der Philosoph Karl Albert beschreibt an diesem Punkt die Bemühungen einer Philosophie, die sich dem Phänomen des Lebens widmet, in eben diesem Sinne: Es geht nicht um eine trotzige Betonung des Irrationalen, sondern „um die Freilegung einer tieferen Schicht menschlichen Erkennens".

Die Betonung eines authentischen Handelns ist also nicht die Haltung eines rein emotionalen „Dagegenseins", sondern die Hinwendung zu dem, was wir wirklich und realistisch zu tun bzw. zu denken imstande sind, wenn wir das Rationale mit dem Emotionalen verbinden, denn in den seltensten Fällen ist das Gegenteil des Falschen auch automatisch das Richtige.

Um den Blick für die Möglichkeiten dieser Verbindung zu schärfen, bleibt uns nichts anderes übrig, als auf unsere Wahrnehmung zurückzugreifen. Diese Gabe scheint mehr oder weniger gut ausgeprägt, aber häufig wird sie schlicht nicht in Betracht gezogen. Meist unterscheiden wir schon im ersten Moment zwischen Dingen, die etwas mit dem Thema zu tun haben oder nicht. Wir schauen auf Skalen, Statistiken, lassen uns in Akten und Studien einweihen und verlieren dabei manchmal das Wesentliche aus dem Blick. Wenn wir unsere Wahrnehmung ebenso wie unser Denken darauf ausrichten, sofort Kategorien und Kriterien zu finden, in die das eingeordnet werden kann, was wir wahrnehmen, dann lassen wir keinen Freiraum für das, was hier mit Wahrhaftigkeit oder Authentizität gemeint ist. Es gilt also, zunächst der eigenen Wahrnehmung den Spielraum zu lassen, den sie braucht, um sich ein Bild zu machen. Dieses Bild wird intuitiv aufgenommen und lässt sich mittels des Verstandes sprachlich an Dritte weitergeben. In dieser Abfolge entsteht eine klare(re) Struktur und hoffentlich Transparenz, die aber nicht durch Zahlen und Fakten, sondern durch die Gewissheit der eigenen Wahrnehmung abgesichert ist. Es geht um eine Erkenntnis, die sich durch Wahrhaftigkeit und nicht durch Wahrheit auszeichnet. Jeder, der schon einmal eine intuitiv „richtige" Entscheidung getroffen hat, weiß, was mit dieser Gewissheit gemeint ist.

## Von der Wahrnehmung zur Intuition und vom Denken zum Handeln

Wieso aber sollten wir der Wahrnehmung eines einzelnen, uns selbst eingeschlossen, mehr Glauben schenken, als den unerschütterlichen Tatsachen? „Das sind nun mal die Fakten ..." – es scheint kaum ein schlagkräftigeres Argument zu geben, um die eigene Position zu verteidigen. Doch auch Fakten lassen sich hinterfragen, und es ist häufig sehr interessant zu erfahren, auf welchen Wegen sogenannte Tatsachen zustande gekommen sind. Im Zusammenhang mit dem wissenschaftlichen Denken werden wir dem ausführlicher nachgehen, an dieser Stelle ist aber bereits wichtig anzumerken, dass jede noch so gesicherte Tatsache einem Kontext bzw. einer Geschichte angehört. Und egal, auf welche Weise derartige Fakten vermittelt werden, sie unterliegen der Selektion dessen, der sie in welcher Form auch immer weitergibt. Die Wahrnehmung des Einzelnen beeinflusst und prägt also schon im ersten Moment auch die sogenannten Fakten. Sie bestimmt die Auswahl der Merkmale, die Wortwahl und Sprache der Vermittlung sowie die möglichen Medien, die diese Fakten verbreiten. Also sind auch die Informationen und Zahlen, die wir für unerschütterlich und objektiv halten, das Ergebnis einer individuellen Wahrnehmung, vermittelt durch die Gedanken einzelner Menschen. Damit trauen wir sowohl in subjektiven wie auch in vermeintlich objektiven Kontexten einer spezifischen Form der Wahrnehmung, haben uns aber angewöhnt, nur das als „Tatsachen" anzuerkennen, was sich scheinbar belegen lässt.

Dass dies eine möglicherweise sinnvolle Einigung, aber in keiner Weise selbstverständlich ist, wirft weitere Fragen auf, insbesondere die Frage nach dem Zusammenhang von Intellekt und Intuition und wie sich die Welt unserer Gedanken gestaltet. Wer stellt das Material für unsere Gedanken zur Verfügung? Warum erlebt jeder eine Situation auf seine Weise und nimmt andere Facetten wahr, die im Nachhinein seine Sicht der Dinge prägen? Es gibt sehr verschiedene Wege, sich diesen Fragen zu nähern. Uns interessiert in diesem Zusammenhang vornehmlich der philosophische, dennoch soll zunächst ein kurzer Ausflug in die Hirnforschung deutlich machen, welche komplexen Fragen nach dem menschlichen Denken und Bewusstsein sich gerade vor dem Hintergrund der neurowissenschaftlichen Forschungen der letzten Jahre stellen

## Die Freiheit des Denkens in der Hirnforschung

Die Hirnforschung hat insbesondere in den letzten Jahren viele wertvolle Erkenntnisse gewonnen, die Aufschluss über das geben sollen, was im menschlichen Gehirn geschieht, wenn es „denkt". Vielfach ist die daraus entstandene Diskussion auf die Frage nach dem freien Willen reduziert worden, die aber auch für unseren Kontext eine wichtige Rolle spielt, wenn es um die Gestaltung und Veränderung von persönlichen Denkmustern geht. In dieser Debatte gibt es vornehmlich zwei Standpunkte: Zum einen den, dass wir mit der Vorstellung eines freien Willens, eines unabhängigen menschlichen Bewusstseins dem Irrtum unterliegen, Herr im eigenen Haus zu sein. Der Hirnforscher Wolf Singer etwa fragt in einem seiner Vorträge, wie wir denn ernsthaft daran festhalten könnten, dass unsere Intuition „Annahmen über die Organisation unseres Gehirns" mache, dass diese schemenhafte intuitive Instanz der Beleg für so etwas wie ein freies Bewusstsein sein solle. Nach Singer ist das Einzige, worauf wir uns verlassen können, die Funktion des Gehirns – schließlich liege ja auch der Ursprung der Intuition irgendwo in den Windungen des Gehirns verborgen.

Das mag so sein, muss es aber nicht – und selbst wenn: Hilft uns diese Form wissenschaftlicher Erkenntnis wirklich weiter? Was sagt die bloße Versprachlichung eines intuitiven Moments eines oder auch vieler Probanden über das Wesen der Intuition aus? Wie können wir durch die Aktivierung von Hirnregionen, die durch Computer (also reduzierte Abbilder unserer eigenen rationalen Fähigkeiten) farblich sichtbar gemacht werden, wirklich über die Qualität bzw. den Ursprung unseres Geistes aussagen? Die wissenschaftliche Methode des MIR (Magnet Resonance Imaging) wird derzeit vielfach eingesetzt, um bestimmten Hirnaktivitäten eine bestimmte Region zuzuordnen, indem die Aktivitäten des Gehirns in dreidimensionale Bilder übertragen werden. Dazu gilt es aber zu erwähnen, dass solche Verfahren höchstens Korrelationen herstellen können und sich der Wert solcher Methoden aus der Fähigkeit zur richtigen Fragestellung ergibt. Die derzeit sehr beliebten und reduzierten Interpretationen, dass beispielsweise der Glaube, die Liebe oder auch der „freie Wille" einen festen Sitz in einer Hirnregion haben, ist demnach eine mehr als fragwürdige Auslegung, Diese Thesen, Fragen und Möglichkeiten sind letztlich nicht durch klare Ergebnisse zu belegen; für ein ganzheitliches – also in unserem Sinne philosophisches – Denken bedeutet Nichtbeweisbarkeit aber noch lange keine Nichtexistenz, und so sind auch die Grenzen neurobiologischer Forschungen kein Grund, das eigene Denken als beschränkt und unfrei anzuerkennen. Die Tatsache, dass bestimmte Aktivitäten in unserem Gehirn darauf schließen lassen, dass unser Verhalten die Folge synaptischer Verschaltungen sind, bedeutet noch lange nicht, dass es nicht möglicherweise noch etwas anderes – nicht Zuzuordnendes – gibt, das für bildgebende Verfahren unzugänglich ist.

Wenn das Wesen des Denkens in seiner Unabgeschlossenheit liegt, dann entspricht es dem, was es in seiner Umwelt vorfindet: Auch die Dinge, über die wir nachdenken, befinden sich in einem ständigen Wandlungsprozess, von dem wir nicht wissen, wann, ob und wie er zu Ende gehen wird. Der Psychiater und Neurophysiologe Gerhard Hüther räumt dies in seinem Buch „Bedienungsanleitung für das menschliche Gehirn" ein: „Noch immer finde ich es spannend, was es in so einem Gehirn alles zu zerlegen, zu messen und zu untersuchen gibt. Aber ich glaube inzwischen nicht mehr daran, dass es uns auf diese Weise jemals gelingt, zu verstehen, wie ein Gehirn, gar ein menschliches Gehirn, funktioniert."

Ob wir diese Einsicht als problematisch oder gar mangelhaft ansehen, ist eine Frage der eigenen Kriterien und Setzungen, nicht die einer sogenannten wissenschaftlichen Erkenntnis. Damit soll keineswegs der Wert wissenschaftlicher Erkenntnisse herabgesetzt werden, aber es bleibt wichtig, die „Zuständigkeitsbereiche" verschiedener Wissenschaften ganz im Sinne des Philosophen und Schriftstellers Peter Bieri auseinanderzuhalten. Um diese Zuständigkeiten etwas anschaulicher zu machen, zieht Bieri das Beispiel eines Gemäldes heran: Fragt man nach dem Ausdruck eines Bildes, nach dem ästhetischen Wert, also nach dem, was mich begeistert und für ein Gemälde einnimmt, wird es nicht helfen, wenn ein Chemiker mir die Zusammensetzung der Farbpartikel erläutert oder ein Kunstexperte vom monetären Wert des Bildes spricht. Bieri wirft den Neurowissenschaften vor, sie verhielten sich wie Chemiker, die versuchten, durch die chemische Analyse der Farben den ästhetischen Wert einer Sache deutlich zu machen, also mithilfe theoretisch-technischer Kriterien ein geistiges Phänomen zu erklären.

Damit liegt schlicht ein Kategorienfehler vor, und es lässt sich zu dem simplen wie folgenreichen Schluss kommen, dass das rationale Denken der Neurowissenschaften ein Instrument ist, dem sich bestimmte Bereiche des menschlichen Geistes verschließen. Um sich zu diesen Bereichen Zugang zu verschaffen, braucht es andere Methoden und Instrumente, die das Wesen des menschlichen Geistes so gut es geht verstehen, aber nicht zwingend erklären wollen. Und so ist gerade die naturwissenschaftlich geprägte Forschung auf den Austausch mit den Disziplinen der Geisteswissenschaften angewiesen, die auf völlig andere Methoden und Erkenntnismöglichkeiten zurückgreifen können – ein Dialog, der glücklicherweise immer stärker in den Fokus rückt. Wie diese unterschiedlichen Herangehensweisen zusammenkommen können, werden wir im Zusammenhang mit der Rolle der Geisteswissenschaften noch erörtern, zunächst soll nur festgehalten werden, dass auch die Forschungen der Neurowissenschaften letztlich keine Antwort auf das geben können, was Denken ist bzw. wie der menschliche Geist in der Lage ist, zu denken.

## Ein achtsamer Blick in die Welt: Einsicht oder Erkenntnis?

So stehen wir weiter vor einer letzten Unabgeschlossenheit und Vielfalt, die möglichst ohne fertige Raster und Bewertungen auskommt und der wir auf irgendeine Art und Weise begegnen müssen. Dem Denken muss, wie wir bereits hervorgehoben haben, die Fähigkeit zur voraussetzungslosen – also nicht beurteilenden – Wahrnehmung vorausgehen. Diese Voraussetzungslosigkeit findet sich auch in dem eher spirituell bzw. psychologisch geprägten Begriff der Achtsamkeit wieder, der einen Prozess beschreibt, bei dem „die Aufmerksamkeit nicht-wertend auf den gegenwärtigen Augenblick gerichtet ist". Der achtsame Umgang mit der Welt, in der wir leben, die wache „Wesensschauung" der Phänomene, die uns umgeben – wie es in der phänomenologischen Philosophie Edmund Husserls schon zu Beginn des 20. Jahrhunderts heißt –, darin liegt das Fundament für einen Aufbruch im Denken. Husserl geht dabei zwar von einem wesenhaften Kern der Phänomene aus, der unabhängig von der subjektiven menschlichen Erfahrung zu „erschauen" ist, er bleibt aber selbst in der Problematik verstrickt, dass wir dieses Wesenhafte nie unmittelbar weitergeben können, sondern nur durch die Mitteilung, die durch unsere persönliche Erfahrung geprägt bleibt. Demnach geht es auch im Umgang mit dem Wesentlichen um die Akzeptanz einer Vielfalt der Dinge und Phänomene.

Wir brauchen das pluralistische Nebeneinander von verschiedenen Denkansätzen, von Erfahrungen und Erlebnissen, um uns den Phänomenen zu nähern, die wir nicht naturwissenschaftlich erfassen können, und dürfen nicht so tun, als seien die von uns erschaffenen Methoden am Ende realitätsbildende Instanzen. Sonst entsteht mit den Worten Hannah Arendts nichts anderes als ein „Spiel des Verstandes mit sich selbst", in dem es darum geht, den Bezug zur lebendigen Welt so gering wie möglich zu halten. Dann haben wir es am Ende mit einem „weltlosen Verstand" zu tun, der sich selbst zu überzeugen versucht, die Wirklichkeit zu verstehen, indem er sie auf das Erklärbare reduziert – ganz im Sinne der Anekdote, nach der der Philosoph Georg Wilhelm Friedrich Hegel auf die Frage, was er denn mache, wenn die Tatsachen nicht mit seiner Theorie übereinstimmten, nur antwortete: „Pech für die Tatsachen."

Bezieht das Denken – und gerade das philosophische – aber aufgrund einer wahrhaftig offenen Wahrnehmung seine eigenen Grenzen mit ein, dann entsteht ein Austausch, der neben den Fakten und Tatsachen auch den sinnlichen Erfahrungen von Intuition und Instinkt den nötigen Raum gibt und gar nicht in einen Konflikt mit den Tatsachen geraten muss.

## Instinkt und Intuition: Wege in ein lebendiges Denken

Der französische Denker Henri Bergson hat in seinem Werk „Schöpferische Entwicklung (1907)" eine „Philosophie des „Lebens" vertreten, in der er dem Zusammenhang von Instinkt, Intuition und Intellekt auf den Grund zu geht – ein Zusammenhang, der die Möglichkeiten einer philosophischen Wahrnehmung weiter verfolgt und deshalb ausführlicher dargestellt werden soll.

Der Instinkt ist nach Bergson die Instanz, die das Material unserer Erfahrungen, unserer Erlebnisse und der Art und Weise, wie wir diese wahrnehmen, bestimmt. Er ist nicht an Zwecke oder Erkenntnisse gebunden, sondern beschreibt die unmittelbarste Form der Wahrnehmung, die wir als Menschen haben. Dem Instinkt ist eigen, dass wir ihm folgen, ohne darüber nachzudenken bzw. ohne logisch nachvollziehbare Gründe dafür angeben zu können. Er eröffnet Zugänge zu Handlungsoptionen, die dem Verstand verschlossen bleiben, und beantwortet damit Fragen, die er selbst gar nicht gestellt hat bzw. stellen kann; es fehlt aber jede Möglichkeit der Vermittlung. Bergson vertritt die These, dass allein der Instinkt Zugang zu den Bereichen habe, die der Intellekt benötige, um seine Fragen überhaupt formulieren zu können. So schreibt er: „Es gibt Dinge, die einzig der Intellekt zu suchen vermag, die er jedoch aus sich selbst heraus niemals finden wird. Diese Dinge finden könnte nur der Instinkt: er aber wird sie niemals suchen."

Entsprechend stünden sich diese beiden menschlichen Qualitäten – Instinkt und Intellekt – wie Gegner bzw. wie Gesprächspartner ohne gemeinsame Sprache gegenüber, wäre da nicht die Möglichkeit eines intuitiven Zugangs zu den Erfahrungen (nicht aber der Funktionsweise) des Instinkts. Nach Bergson ist es die Aufgabe der Intuition, den Prozess des Werdens verständlich zu machen, dem sich der Instinkt vorbehaltlos öffnet, der aber als solcher thematisiert werden muss, um dem Menschen für spätere Handlungen zu nützen. Nur so gelinge ein Verstehen von Entwicklung und Veränderung, die auch die Leistungen des Intellekts selbst als Teil des Lebensprozesses beschreibt: Überzeugungen, die wir für felsenfest sicher halten, ändern sich aufgrund neuer Maßstäbe oder Umstände. Es ist nicht die Ratio allein, die den Menschen zur Erkenntnis befähigt, sondern sie ist nur eine Begabung von dreien, die in ihren Ergebnissen von Intuition und Instinkt gleichermaßen abhängig ist.

Bergson beschreibt die Intuition als die vermittelnde Instanz, die Instinkt und Intellekt ins Gespräch bringen kann: „Während der Verstand uns die Dinge dadurch erkennen lässt, dass er sie in Formen fasst und sie für sich sozusagen erst zurechtmacht, würde hier [im intuitiven

Zugang] ein mit der Sache selbst zusammenfallendes Erschauen ihrer selbst stattfinden – ein metaphysisches Ergreifen, kein wissenschaftliches, das von Bedingungen abhängt." Diese Bedingungen schaffen eine Distanz, eine Abgrenzung der Dinge, die nur im Denken, nicht aber in der Welt vorkommt, so Bergson. Es ist also weniger das „reine" Denken, sondern das Leben, das das Leben verstehen lernen kann, und sofern sich die Philosophie darauf einlässt, könnte ihr ein Denken gelingen, das sich jenseits dieser traditionellen Gegensätze stellt und damit in aller Vielfalt für ein ganzheitliches Bild der Welt eintritt. So entsteht ein völlig anderes Verständnis der Welt als das rein rationale. Nicht mehr die abstrakte Erkenntnis vermeintlich objektiver Wahrheiten ist das Ziel unseres Denkens, sondern das Verstehen jener geistigen Tatsachen, die sich ebendiesem Zugang verschließen und die wir zwar wahrnehmen, nicht aber erklären oder beweisen können.

Vor diesem Hintergrund ist unser Denken und Handeln völlig anders ausgerichtet und hat nichts mehr mit der erhofften linearen Entwicklung von wenig Wissen hin zu viel Wissen zu tun. Und das nicht, weil es an diesem hehren Ideal gescheitert wäre, sondern weil dieses Ziel schlicht nicht mehr erstrebenswert erscheint.

## Die Kompetenz der Unwissenheit

Was aber nützt uns eine solche Perspektive, so lautet die berechtigte Frage, die sich daran anschließt, wenn sie so wenig kalkulierbaren Mehrwert bereitstellt? Welche Richtung sollen oder wollen wir einschlagen, wenn es kein vorhersehbares Ziel mehr anzusteuern gilt? Wieder liegt die Antwort zunächst darin, nicht das Gegenteil des Kritisierten automatisch für das Anzustrebende zu halten: Auch einem anderen Denken geht es um das Erreichen von Zielen, das Formulieren von Kriterien, aber immer im Bewusstsein, dass es sich um kontextbezogene Etappenziele handelt, die von ihrer Zeit und ihrer Geschichte, ja, von dem, der sie erreicht hat, abhängen. Das macht sie aber nicht weniger wichtig und schon gar nicht weniger wert. Denn der Nutzen dieses Denkens liegt weniger in den Inhalten, die es transportiert, sondern in der Art, wie wir mit bereits erworbenem Wissen umgehen können. Nicht das endgültige

Abhaken eines Problems kennzeichnet den Erfolg, sondern die Formulierung einer Antwort für die jeweilige Situation, die morgen schon eine andere sein kann und damit eine andere Antwort verdient hätte. Das, was sich aus dieser Einsicht ergibt, ist schlicht ein kompetenter Umgang mit der eigenen Unwissenheit, die auch bei größter Anstrengung des eigenen Intellekts nicht überwunden werden kann. Nur wenn wir in der Lage sind, mit Problemen, Fragen, Unklarheiten umzugehen, auch oder gerade wenn sie nicht gelöst oder beantwortet werden können, haben wir eine andere Qualität des Denkens erreicht. Nicht die Auflösung von Unwägbarkeiten, sondern der Umgang mit ihnen erfordert unsere eigentliche Aufmerksamkeit. Nur in dieser Einsicht liegt der Zugang zu einer Form des Erkennens und damit einer Anwendung des Denkens, die weit über das hinausgeht, was wir mit einer rein rational-intellektuellen Vorgehensweise würden erreichen können. Es erschließen sich andere und neue Handlungsspielräume und Lösungsansätze, die wir vorher nicht zu denken in der Lage waren. Die Wahrnehmung, die daraus entsteht, richtet sich auf die Welt als Ganzes, nicht nur auf das, was wir als logische Zusammenhänge aus ihr herausdestillieren. Dies hat auch Georg Simmel, einer der ersten deutschen Soziologen und ein großer Bewunderer Bergsons, auf den Punkt gebracht, wenn er in seiner „Rembrandtstudie" betont: Es gibt kein „eigentliches Verständnis" des Lebens, solange man nach „bleibenden Klarheiten" sucht, Klarheiten, die wir in gültigen Antworten oder unveränderlichen Handlungsanweisungen finden wollen, sondern es wird „für den beschauenden Blick nur hell", „wenn seine Klarheiten sich aus seinen Dunkelheiten, die auch Dunkelheiten bleiben, entwickeln." Der beschauende Blick, der mutig genug ist, die Dinge wirklich anzusehen, wie sie sind, schafft Einsichten, die eine neue Klarheit für sich in Anspruch nehmen, eine Klarheit, die es nicht nötig hat, immer nur hell und verständlich zu sein.

Es gilt also, ein neues Verhältnis zu den Dunkelheiten des persönlichen wie des gesellschaftlichen Lebens herzustellen und sie nicht als Defizit des menschlichen Geistes abzutun, sondern als Teil des Phänomens Leben zu betrachten, das wir nur dann angemessen behandeln (und eben nicht erkennen) können, wenn wir ihm die für uns unverständlichen Dunkelheiten als ureigene Qualität zugestehen. Dies bedeutet den Abschied von einem Denken, das gewohnt ist, wissenschaftlichen Maßstäben zu gehorchen, die weitestgehend von dem theoretischen Anspruch geleitet sind, den Weg zu einer letzten Erkenntnis oder einer objektiven Antwort, also der Erhellung auch der letzten dunklen Ecke, nicht nur anstreben, sondern auch erreichen zu können. Um das Denken als Handeln anzuerkennen, ist es notwendig, die Richtung der eigenen Gedanken zu verändern. Und damit bleiben wir noch für einen Moment bei Henri Bergson, der wie eingangs erwähnt die Philosophie gerade dafür gelobt hat, dass sie in der Lage sei, „die gewohnte Richtung unserer Gedankenarbeit umzukehren".

## Die Philosophie kehrt die Richtung der Gedanken um: Aufbruch ins Umdenken

Mit dieser Veränderung der gedanklichen Perspektive stellt die Philosophie „die Umkehrung des Weges dar, auf dem die moderne Wissenschaft den Organismus, das seelische Leben, schließlich das Weltganze wissenschaftlich zu erkennen sucht", so Bergson. Selbstverständlich ist dieser Vorwurf einer einseitigen (natur)wissenschaftlichen Methodik immer im Kontext des frühen letzten Jahrhunderts zu sehen, dennoch zeigt die bereits erwähnte Debatte zwischen den sogenannten Life Sciences, den Neurowissenschaften und einer praktisch ausgerichteten Philosophie, dass diese sich auch im Verständnis der wissenschaftlichen Arbeitsweisen weiterhin stark unterscheiden.

Im Kern lässt sich die Umkehr der philosophischen Gedankenarbeit am besten dadurch beschreiben, dass sie das Leben als dynamisches Gebilde ernst nimmt, eben weil es seinem Wesen nach gegen jede Form des „Konstruiertwerdens" protestiert. Das Leben habe zwar eine bestimmte Richtung, aber, so Bergson, „seine Entwicklungen sind weder aus vorher bestehenden Stücken zusammenzusetzen, noch ist es jeweils so in einem Augenblick gegeben, dass sich seine Zustände für alle Zukunft berechnen ließen".

Ein Denken, das nicht nur über das Leben nachdenken, sondern es auch gleichzeitig als seinen eigenen Kontext ernst nehmen will, kann sich nicht darauf zurückziehen, aus den gemachten Erfahrungen zu lernen (der nächste Kontext ist immer ein anderer).

Blieben wir aber allein bei den Erfahrungen, die der Intellekt uns vermitteln kann, fehlte uns der zentrale Zugang zu dem, worüber es im Kern nachzudenken gilt. Das wäre ungefähr so, als bauten wir einen Schrank und ließen nur die Dinge als existent und real zu, die in diesen Schrank passen. Alles, was zu groß, zu unhandlich oder zu eckig ist, muss draußen bleiben und verliert die Berechtigung, eine Rolle in unserer Welt zu spielen. Dass damit die Bedeutung eines solchen Schranks, eines menschlich gebauten Systems, überschätzt wird, ist deutlich, und im Reich der realen Dinge würden wir diese Herangehensweise sehr kritisch sehen. Der Gedanke, all jene Dinge aus unserem Hausstand zu verbannen, die sich unserer Schrankwand verweigern, scheint absurd. Im Bereich des Geistigen aber haben wir mit einem solchen Vorgehen keine großen Probleme, denn dort sind wir – wie schon bei der Darstellung des bürokratischen Denkens erläutert – nur zu gern bereit, unser Denken den bestehenden Ordnungen anzupassen und nicht umgekehrt.

Diese Denkmuster eines hauptsächlich systematischen Denkens auf der einen und eines sich selbst reflektierenden Denkens auf der anderen Seite sollen im Folgenden anhand zweier Paradigmen vorgestellt werden: zum einen das substanzielle Denken in festen Kategorien und zum anderen das relationale Denken in Beziehungen.

## Das substanzielle Denken: Gedanken als Abbilder der Welt

Das Denken, das wir hier als das traditionelle – das rationale oder theoretische – Denken bezeichnen wollen, folgt der Überzeugung, dass sich die Gedanken auf Gegenstände richten. Auch wenn es sich dabei um Phänomene wie Liebe oder Ähnliches handelt, denken wir sie meist als eine Art Gegenstand oder zumindest als Inhalte, die klar beschreibbar sind. Dieses Denken glaubt fest daran, dass der Verstand in der Lage ist, aus dem Fluss des Geschehens Dinge herauszudestillieren, die mit Hilfe der Gedanken abgebildet werden können. Dagegen ist zunächst nichts einzuwenden, auch nach Bergson ist dieses Vorgehen dem menschlichen

Intellekt eigen und ihm hoch anzurechnen, schafft er auf diese Weise doch gewisse Strukturen, an denen wir unser Denken zunächst orientieren können.

Was diesem Denken aber als Vorgriff – im Sinne Heideggers als eine feste, aber unausgesprochene Bedingung, die dem eigenen Denken zugrunde liegt – innewohnt, ist die menschliche Überzeugung, dass das geistige Destillat dieser Gegenstände den Gegenständen auch tatsächlich entspricht, wir sie also wirklich richtig denken können.

Im Umkehrschluss übertragen wir die Welt unserer Gedanken wieder auf die Welt der Dinge und Erscheinungen und bevölkern so einen lebendigen Organismus mit festgeschriebenen, substanziellen Gebilden, die fixiert werden, nur weil wir sie einmal so gedacht haben.

Friedrich Nietzsche hat in seinem Text „Über Wahrheit und Lüge im außermoralischen Sinne" (1873) dieses Vorgehen mit einem Gleichnis beschrieben. Er wirft den theoretisch denkenden Menschen vor, sie verhielten sich, als versteckten sie einen Gegenstand hinter einem Busch und holten diesen dann triumphierend wieder hervor, um zu beweisen, dass ihre laut und kompliziert vorgestellte Theorie richtig ist. Eine solche Erkenntnis beruht auf Kriterien, die rein menschlich sind und damit auch nur vom Menschen als Erklärung anerkannt werden können. Ob die Welt wirklich so ist, bleibt damit alles andere als geklärt. Mit anderen Worten ist das, was ein Denken in „Gegenständen", also in substanziellen Rahmen, ausmacht, nichts anderes als das Anwenden menschlicher Konstruktionen, die, einmal erfunden, nun mit der Wirklichkeit gleichgesetzt werden.

Nietzsche geht sogar noch einen Schritt weiter, wenn er sagt, dass die Wahrheit nichts anderes ist als eine „Illusion, von der wir vergessen haben, dass sie eine ist" – einfach weil wir schon so lange in einem Denken verharren, das die Ausrichtung auf eine substanzielle Wahrheit zum Ziel hat. Damit ist das substanzielle Denken also auf ein Ziel hin angelegt und weniger auf die Wahrnehmung eines Kontextes, eines Zusammenhangs, in dem es sich selbst befindet. Es verliert demnach den Bezug, weil es die (emotionalen, sinnlichen oder auch energetischen) Beziehungen, die zwischen den Phänomenen, den Gegenständen, aber auch zwischen den eigenen Gedanken eine wichtige Rolle spielen, selbst nicht thematisiert. Genau das ist aber gemeint, wenn es um ein relationales Denken geht, ein Denken im Dazwischen, das weniger die Gegenstände als ihre Beziehungen untereinander thematisiert.

## Das relationale Denken: Handeln im „Dazwischen"

Mit dem Begriff des Dazwischen oder des Zwischenraums verbinden wir meist einen Zustand (also wiederum etwas Substanzielles, das feststeht), den wir möglichst schnell überwinden wollen. Zwischen den Stühlen zu sitzen ist kein erstrebenswerter Zustand, ein Zwischending legt sich weder auf das eine noch das andere fest, es ist etwas, an dem wir uns nur schwer orientieren können. Also glauben wir, wir müssten uns möglichst rasch entscheiden, um aus diesem Zwischenraum wieder herauszufinden. Was aber geschieht, wenn wir diesen Raum einmal als Möglichkeit ansehen, als etwas, das wir gestalten und füllen können, indem wir darüber nachdenken, wie Dinge und Situationen im Verhältnis zueinander stehen, welche Beziehungen zwischen ihnen entstehen? Hannah Arendt hat sich in ihrem politischen Denken sehr ausführlich mit dem Begriff des „Dazwischen" beschäftigt und ihn zur Grundlage dessen gemacht, was sie als „politisches Handeln" bezeichnet. Arendt meint mit dem politischen Handeln an dieser Stelle nicht das Eintreten für Parteien oder politische Überzeugungen, sondern spricht das ursprünglich griechische Verständnis des Menschen als eines „zoon politikon" an, der sein Wesen im menschlichen Miteinander entfaltet: also als Teil einer Gemeinschaft bzw. Gesellschaft. Um diesem Handeln nachzudenken, schlägt sie in ihrem Buch „Vita activa" vor, etwas zunächst sehr Grundsätzliches zu tun: „(...) Was ich vorschlage, ist etwas sehr Einfaches, es geht mir um nichts mehr, als dem nachzudenken, was wir eigentlich tun, wenn wir tätig sind."

Sie erarbeitet daraufhin verschiedene Formen des Tätigseins, die sie zunächst den Menschentypen des „homo bzw. animal laborans" und des „homo faber" zuordnet. Beide sind einer Art des Tätigseins verpflichtet, die klare Ziele und Gegenstände vor Augen hat. Der homo laborans, der arbeitende Mensch, widmet sich der Arbeit (labor), die zur eigenen Selbsterhaltung notwendig ist, also allein das erarbeitet, was für den täglichen Verbrauch gedacht ist. Der homo faber ist nach Arendt der „herstellenden“ Tätigkeit verpflichtet, er schafft also Dinge, die möglichst den heutigen Tag überdauern sollen. Es geht weniger um den Verbrauch als den Gebrauch von Produkten. Diese Ergebnisse der eigenen Arbeit überdauern die Zeit und die einzelnen Prozesse, die sie hervorbringen, und genau darin liegt sowohl ihr Wert als auch ihre Gefahr: Denn Arendt stellt fest, dass der Wunsch nach ebendieser Stabilität, nach Gegenständen und Produkten schleichend zum eigentlichen Motor des menschlichen Handelns geworden ist. Das Ziel des Handelns ist hier also die Erfüllung eines Zwecks und nicht mehr der Zweck, der erfüllt sein muss, um in das eigentliche Handeln zu kommen. Gegenwärtig vermischen sich die Begriffe des Arbeitens und Herstellens, aber Arendt hat fast hellsichtig schon Ende der 50er Jahre prognostiziert, dass wir beginnen werden, unsere Identität mit unserer Arbeit zu verwechseln und Sinnstiftung über Produkte und Konsum zu erreichen versuchen. Vergessen werden wir dabei aber – und genau in dieser Situation befinden wir uns heute häufig genug – dass uns durch die erfolgreiche Rationalisierung und Technisierung der Welt der Bedarf für ebendiese Form der Arbeit abhandenkommt: „Was uns bevorsteht, ist die Aussicht auf eine Arbeitsgesellschaft, der die Arbeit ausgegangen ist, also die einzige Tätigkeit, auf die sie sich noch versteht. Was könnte verhängnisvoller sein?“, fragt Hannah Arendt, und auch gegenwärtig gibt es darauf keine zufrieden stellende Antwort.

Das Einzige, worauf wir uns besinnen könnten und worin wir möglicherweise diese Antwort finden, ist das politische Handeln, das die Gemeinschaft und das soziale Handeln in den Mittelpunkt rückt. Solch eine Politik – nicht im Sinne der heute vielfach damit gemeinten Arbeit von Regierungen und Parteien, sondern im antiken Sinne eines Tätigseins im Miteinander – ist nicht von vornherein durch Zwecke bestimmt, sondern beruht auf Beziehungen zwischen Menschen; sie ist interaktiv im wahrsten Sinne des Wortes – und erfüllt allein so ihren eigentlichen Zweck.

Dieser politische Zwischenraum lässt sich in einem rein substanziellen Denken nicht unterbringen, versucht ein solcher Ansatz doch gerade, die Dinge schnellstmöglich in den Griff zu bekommen und die Beziehungen zwischen ihnen als zweitrangig zu vernachlässigen. Im Gegensatz dazu geht es dem relationalen Denken darum, diesen Raum, der sich aus Vielfalt und Unterschiedlichkeit ergibt, nicht zu verkürzen und zu beschränken, sondern bewusst in ihn einzutreten. Nach Arendt entwickelt sich erst dann aus einem reinen Verhalten, das auf bloße Äußerlichkeiten reagiert, ein aktives Handeln, ein innerer und schöpferischer Prozess. Ersteres ist ein rein reaktives Verhalten, Letzteres ein aktives Tun.

Beide stehen aber weiterhin in einem Bezug zueinander und sollten diesen auch pflegen: Wenn wir nur noch in diesem Sinne handeln, wird es schwer, Strukturen und Fundamente zu legen, die Bestand haben und nicht in einem schöpferischen Dazwischen permanent verändert werden. Wir denken an die Notwendigkeit der selbst gesteckten Grenzen.

Wenn wir uns aber nur noch verhalten, dann werden wir zu einem Spielball der Gegebenheiten, die uns keinen eigenen Gestaltungsraum zubilligen und das Fundament eines rein bürokratischen Denkens legen.

Deutlich wird in beiden Fällen eines: Das menschliche Handeln und Verhalten ist immer das Ergebnis einer Beziehung zu etwas. Wenn ich mich einem Thema, einem Menschen, einer Sache widme, trete ich in eine Beziehung ein und richte mich darauf aus. Es entsteht eine Relation, ein Verhältnis. Das bedeutet aber, dass ich zuerst einmal mich selbst befrage und erst dann eine Brücke zu dem „da draußen" schlage.

Das Handeln, das dem eigenen Tun ein Denken zugrunde legt, ist ein Handeln, das den Kontext wahrnimmt, in dem es stattfindet. Es reflektiert die Umstände und hat ein Bewusstsein von deren Veränderlichkeit. Mit anderen Worten: Es ist ein prozesshaftes Denken, das nicht in statischen Zielvorgaben erstickt. Es ist ein Tätigsein im Miteinander, denn an allem, was ich tue, ist etwas oder jemand beteiligt. Jedes Ich lebt in einem organischen Geflecht, das sich Gesellschaft nennt und auf das Verhalten seiner einzelnen Teile angewiesen ist. Diese Erkenntnis hat nicht nur Horst Köhler zu seinem Aufruf zu einem gemeinschaftlichen Handeln ermuntert.

Auch für Hannah Arendt ist ebendieses Bewusstsein der wesentliche Schritt zu einer politischen Lebenshaltung, die nur auf der Basis eines relationalen Denkens zum Ausdruck kommen kann. Den darin liegenden Möglichkeiten nach-zu-denken ist die zentrale Fähigkeit des politischen Menschen, der damit auch das Denken selbst als Teil des Handelns begreift.

## Der Zwischenraum als mögliches Gleichgewicht von Stabilität und Wandel

Das relationale Denken lässt sich neben der Beschreibung als das Denken von und in Beziehungen auch anhand räumlicher Vorstellungen darlegen: Wie z.B. unterscheidet sich meine Vorstellung eines Raumes, wenn ich ihn durch statische Mauern bzw. Wände abgrenze oder wenn ich ihn als etwas denke, das sich zwischen dynamischen Einheiten immer wieder neu ergibt? So wie es zwischen zwei Menschen der Fall ist, die im Dialog eine Beziehung bzw. einen Zwischenraum herstellen und gestalten. In beiden Vorstellungen entstehen Räume, und doch sind sie völlig anders angelegt und beschreiben verschiedenen Formen des Handlungs- und Lebensraums, in dem wir uns befinden. Diese Unterscheidung zeigt sich sehr anschaulich in Georg Simmels Beschreibung des großstädtischen Raums um 1900, der für den Kulturphilosophen und Soziologen den Beginn einer völlig neuen Ordnung darstellt – einer dynamischen Ordnung, mit der wir es nach wie vor zu tun haben (insbesondere wenn wir den virtuellen Raum hinzudenken, der uns im Rahmen der gesellschaftlichen Systeme noch beschäftigen wird).

Dieser Raum entzieht sich nach Simmel dem bisher Bekannten, dem Traditionellen und Gewohnten und lebt durch eine komplexe Vielfalt fraktaler und relationaler Räume, die stärker durch Beziehungen, Rituale und sprachliche Bezüge konstituiert werden und weniger durch substanzielle Gegebenheiten, greifbare Wände oder Grenzen.

Diese Entwicklung ist in rasantem Tempo vorangeschritten. Die Großstädte der Gegenwart sind nicht einmal mehr ambivalent in dieser Hinsicht. In ihnen wir das Relationale zur Lebensform, und sie sind Ausdruck von Möglichkeitsräumen, die nebeneinander zu entstehen scheinen, ohne einander zu widersprechen – auch wenn es ein sehr anstrengendes Unterfangen sein kann, sich in ebendiesen Parallelwelten einzurichten, weil es oft an der Reflexion über dieses Phänomen selbst fehlt und wir weiterhin versuchen, das Ansammeln von möglichst vielen feststehenden Produkten und Standpunkten als Gegenpol zu all dieser Beweglichkeit zu etablieren. Aber das kann nicht gelingen, denn diese Räume sind der Ausdruck einer beweglichen Wirklichkeit, die nichts anderes als mobil sein will, die nicht darauf angelegt ist, Bestand zu haben, und dies nicht als Mangel empfindet. Für eine gewisse Zeit kann es gelingen, auf dieser dynamischen Welle von Veränderung „mitzusurfen". Die Bedingungen, die dafür gegeben sein müssen, sind meist technischer Art. Auch Simmel stellt schon lange vor der Flut medialer Entwicklungen fest, dass es vor allem die technischen Neuerungen seiner Zeit sind, die das Individuum mit völlig neuen Reizen und einer ungewohnten Geschwindigkeit überfluten. Der Großstädter um 1900 reagierte nach Simmel darauf entweder mit einem Rückzug in die Innerlichkeit, ins Private oder aber durch ein blasiertes Verhalten, das sich auf nichts mehr wahrhaftig einlässt und in der Zerstreuung sein Leben an sich vorüberziehen lässt.

Letzteres dürfte uns sehr bekannt vorkommen: Auch wenn wir häufig auf technische Neuerungen wieder mit technischem Gerät antworten, das uns den Alltag erleichtern soll, so stehen wir dennoch vor einem ähnlichen Dilemma wie der Großstadtbürger um 1900. Das Mögliche ersetzt in einer solchen Welt das Wirkliche. Die Wirklichkeit befreit sich zwar von den Zwängen eines überregulierten, statischen Denkens, ist aber in einem derart rasanten Wandel begriffen, dass sie uns einerseits zwar begeistert und befreit, zum anderen aber verunsichert und überfordert. Damit wird das Individuelle zu etwas Flüchtigem, etwas, das sich ständig ändert, und kann nicht mehr Ausdruck einer stabilen Identität sein, die wir aber brauchen, um als Individuen in einer komplexen Welt handlungsfähig zu bleiben. Es bleibt uns nichts anderes übrig, als uns der Wirklichkeit zu stellen, die uns umgibt, sie in ihren Möglichkeiten anzunehmen und zu gestalten. Und manches wäre sicher schöner, wenn es schöner wäre – ist es aber nicht.

Wir können dem Wandel kein statisches Ich entgegensetzen, das für sich einen eigenen Raum beanspruchen kann, aber wir sind ebenso wenig dazu verurteilt, dem Wechsel der Möglichkeiten tatenlos zuzusehen: Realität lässt sich gestalten, wir können bestimmte Möglichkeiten ergreifen und uns damit eine Identität, eine Existenz und einen eigenen Lebensraum schaffen. Diese Haltung bzw. Maxime bildet so etwas wie einen dritten Weg, der über Simmels Alternative hinausgeht: Der Rückzug in die Innerlichkeit schließt die äußere Welt aus, das Innere wird als das eigentlich Wertvolle in einen Gegensatz dazu gebracht, der ihm aber die wesentliche Möglichkeit nimmt, sich selbst zu stabilisieren. Der Kontakt, der Dialog mit dem Anderen fehlt. Der zweite Weg lässt allein das Außen zu Wort kommen, in dem das Individuum nur noch in der Welt der Reize, der Salons und Vergnügungen unterwegs ist und sein Inneres verkümmern lässt.

Der dritte Weg aber beschreibt die selektive Haltung eines sich selbst bewussten Individuums, das um den Möglichkeitscharakter sowohl seiner eigenen Seinsweise wie um den der Außenwelt weiß, sich aber dennoch in Maßen auf die Vielfalt des Anderen einlässt, um nicht in der Vorstellung eines festgestellten Innenraums zu erstarren. Im besten Fall entsteht eine Balance, die das Außen reduziert, um es mit dem Innen in eine fruchtbare, pluralistische Einigkeit zu bringen. Nichts anderes meint die Ausbildung einer eigenen Identität oder Persönlichkeit, auf die wir später noch kommen werden.

Nur so kann es gelingen, den Wandel – also einen dynamischen Prozess – zu denken und ihn dennoch an zentralen Stellen zu stabilisieren, um nicht die Orientierung zu verlieren. Es gilt, im Rahmen eines weiterhin systematischen Denkens, die Kriterien eines substanziellen oder mechanischen Denkens auf die eines relationalen oder organischen Denkens umzustellen.

Um dem gerecht werden zu können, müssen wir einen elementaren Aspekt berücksichtigen, nämlich der Tatsache, dass organische Prozesse und soziale Kontexte immer zeitliche Phänomene sind und sich in und mit der Zeit verändern, ob wir es wollen oder nicht. Das klingt nicht zwingend überraschend, aber die Frage, welchen Zeitbegriff wir eigentlich zugrunde legen, wenn uns die Zeit davonrennt oder wir wieder einmal keine Zeit haben, weil Zeit ja bekanntlich Geld ist, stellen wir uns nur selten.

**Das Denken als Prozess in der Zeit**

Mit der Frage, wie die Phänomene, über die wir nachdenken, und ihr Kontext zeitlich und geschichtlich eingebettet sind, geraten wir an die Grenzen eines mechanischen Denkens, das gerade darin seinen höchsten Wert sieht, scheinbar zeitunabhängig und objektiv zu funktionieren.

Gehen wir dem zeitlichen Ablauf von Prozessen nach, erkennen wir ein Zusammenspiel, das – spätestens wenn Menschen ihre Finger im Spiel haben – in keiner Weise der Berechenbarkeit von Maschinen und Apparaten entspricht, sondern einem ganz eigenen Tempo zu gehorchen scheint. Der Wunsch nach klaren, mechanischen Strukturen kann nur dann erfüllt werden, wenn wir diese Prozesse nicht als Ganzes, sondern in ihren Teilschritten in den Blick nehmen. Wenn wir an einigen Stellen einen Schritt zurückzutreten, um das ganze Bild sehen zu können, dann verliert sich diese strukturierte Form meist sehr schnell. Je nachdem, an welcher Stelle wir stehen, können wir nur einen Teil sehen, und vielleicht davon wiederum nur einen Teil verstehen. Wenn es uns aber gelingt, dies nicht als etwas Mangelhaftes, sondern als etwas Gegebenes anzusehen, dann ermöglicht uns dieses Teilstück den Zugang zu einem Zusammenhang, der sich immer weiter erschließt, ohne schon im Ansatz feststehen zu müssen.

Damit stünde nicht mehr das gewaltsame Anpassen der Wirklichkeit an die eigene Vorstellung im Vordergrund, sondern die maßvolle und angemessene Gestaltung des Gegebenen, das in seiner Eigenheit und zum Teil auch in seinem eigenen (zeitlichen) Rhythmus anzuerkennen ist.

## Die verschiedenen Formen der Zeit

Es lassen sich verschiedene Empfindungen und Maßstäbe für zeitliche Abläufe ausmachen. Zum einen die „gestundete Zeit“, wie es in einem Gedicht von Ingeborg Bachmann heißt, die Zeit, die in Stunden und Minuten aufgeteilt ist und uns durch den Tag treibt. Der Wecker klingelt zu einer bestimmten Uhrzeit, wir haben einen wichtigen Termin, am

Mittag erwartet uns eine Freundin, ständig blicken wir auf die Uhr, und am Abend haben wir Freizeit.

Mit diesem Verständnis gestalten wir nicht die Prozesse in der Zeit, sondern folgen einem bestimmten Raster, das nicht mehr (aber eben auch nicht weniger) ist als eine menschliche Setzung und Kategorisierung von Wirklichkeit in der Zeit. Henri Bergson beschreibt diese Kategorisierung als die physikalische Zeit, die dem Leben ein Netz aus Zeitpunkten überwerfe, um so Erlebnisse, Ereignisse, Erfahrungen messbar machen zu können.

Darin geht eine zentrale Fähigkeit verloren, die Bergson als den Umgang mit der „Dauer" (durée) von Ereignissen beschreibt. Damit ist das Gefühl und der Umgang mit dem eigenen Tempo gemeint, dem Rhythmus, der uns selbst oder den Dingen entspricht, der uns angemessen ist. Uns einen individuellen Rhythmus zu suchen, der dem eigenen Leben gemäß ist, ist eine wachsende Sehnsucht, die aber gleichzeitig auf jede Menge Widerstände trifft, weil dies, das oder jenes eben nicht geht, immer schon so war oder einfach gerade nicht passt. Den Versuch eines solchen Umdenkens haben die wenigsten gemacht.

Auch hier zeigt sich, dass nicht nur unser Denken, sondern auch unsere Vorstellung der Zeit von einem linearen Verständnis geprägt ist, d.h., wir glauben fest daran, dass die Ereignisse um uns herum nacheinander ablaufen und fein säuberlich voneinander zu trennen sind. Das würde bedeuten, dass die Geschehnisse – wie die Perlen einer Kette – voneinander unabhängig sind, wenn auch durch einen gemeinsamen Faden verbunden. Dies ist ein Verständnis von Zeitlichkeit, das sich bereits in der griechischen Antike findet. Damals wurde das Beispiel eines fliegenden Pfeils bemüht, der Punkt für Punkt durch die Zeit fliegt, seine Richtung hält und irgendwann sein Ziel erreicht. Der Pfeil wird nicht plötzlich die Richtung ändern, er wird keine Haken schlagen, sondern mit hoher Wahrscheinlichkeit ungefähr dort landen, wohin er mit einer bestimmten Geschwindigkeit abgeschossen worden ist. Seine Bewegung durch die Zeit lässt sich erfassen, mithilfe physikalischer Gesetze erklären und auf einen Ursprung zurückführen – sie beschreibt den rein mechanischen Verlauf von Ereignissen in der Zeit. Dieser Ansatz ist eine erste Möglichkeit, greift aber für die Beschreibung komplexer Prozesse zu kurz.

Im Gegensatz zu Pfeilen oder Fußbällen, Flugzeugen oder anderen Dingen, die sich durch Zeit und Raum bewegen, lassen sich unsere Erlebnisse und Erfahrungen nicht mithilfe rein physikalischer Gesetze deuten. Sie sind anderer Art und beziehen gerade die Haken und Richtungsänderungen mit ein, die sich nicht wie Perlen auffädeln lassen. Unsere Lebenszeit funktioniert eben nicht nach naturwissenschaftlichen Prinzipien.

Wir sind keine Mechanismen sondern Organismen, d.h., wir unterliegen Prozessen und nichtlogischen Entwicklungen in der Zeit, die sich nicht berechnen oder theoretisch voraussagen lassen. Vielleicht werden diese Gedanken ein wenig deutlicher, wenn wir ein paar Beispiele zur Hand nehmen. Eine Schwangerschaft beispielsweise dauert ihre Zeit. Niemand kann darauf Einfluss nehmen, allein die Beobachtung und der Vergleich vieler Schwangerschaften hat gezeigt, dass es eine ungefähre Messbarkeit dieses Werdens gibt, aber der tatsächliche Moment der Geburt lässt sich nicht planen, man kann sie allenfalls einleiten. Ähnlich ist es mit dem Einfahren der Ernte in der Landwirtschaft, dem Wachstum von Pflanzen bestellt. Es gibt keine unmittelbare Möglichkeit, auf die natürlichen Bedingungen wie z.B. das Wetter einzuwirken (auch wenn wir es natürlich an allen Ecken und Enden versuchen).

Jeder zeitliche Moment des Lebens ist als eine Veränderung zu verstehen, die in irgendeiner Weise eine Bereicherung der Gegenwart gegenüber der Vergangenheit ausmacht. Damit bekommt der Gedanke plan- und kalkulierbarer Prozesse eine völlig neue Anmutung, weil jeder Moment, der bis zum Ende dieses Prozesses verstreichen wird, eine Veränderung bedeutet, die sich nicht bis in Letzte kalkulieren lässt. Wir können uns dem angestrebten Ergebnis immer nur annähern und eine Vorstellung zugrunde legen, die aber alles andere als sicher ist. Lassen wir uns darauf ein, entsteht ein vollkommen anderes Verhältnis zu dem, was wir als die gestundete oder physikalische Zeit beschrieben haben. Sie verliert an Wert und lässt Raum für das, was mit dem eigenen Rhythmus gemeint ist. Dazu passt die Beschreibung des Straßenkehrers Beppo aus dem Roman „Momo“ von Michael Ende ganz wunderbar, der den Fluss der Zeit als Dauer in seiner eigenen immer wiederkehrenden Tätigkeit findet und auf sehr leise Weise zu nutzen versteht, wenn er der kleinen Momo erklärt: „Man darf nie an die ganze Straße auf einmal denken, verstehst du? Man muss nur an den nächsten Schritt denken, an den nächsten Atemzug, an den nächsten Besenstrich. Und immer wieder nur an den nächsten. (...) Dann macht es Freude; das ist wichtig, dann macht man seine Sache gut. Und so soll es sein. (...) Auf einmal merkt man, dass man Schritt für Schritt die ganze Straße gemacht hat. Man hat gar nicht gemerkt wie, und man ist nicht außer Puste. (...) Das ist wichtig.“

Deshalb macht der Umgang mit der lebendigen Wirklichkeit erst dann Freude, wenn wir sie als das in den Blick nehmen, was sie ist: ein unlogischer und komplexer Ablauf von Prozessen in der Zeit, von denen wir selbst ein Teil sind. So gilt es, neben dem ordnenden und abstrakten Verständnis der physikalischen Zeit ein prozesshaftes Zeitverständnis zu entwickeln, das der lebendigen, historisch-gesellschaftlichen Welt entspricht. Dem hat sich auch Martin Heidegger in seiner Freiburger Antrittsvorlesung ausführlich gewidmet, in der er den physikalischen Zeitbegriff von dem der Geschichtswissenschaften abhebt. Er betont, dass sich das Zeitverständnis der Geschichtswissenschaften nicht auf das physikalische Verstehen von Zeit reduzieren bzw. aus ihm ableiten lässt. Es entstehen demnach zwei originär verschiedene Verstehensweisen von Zeit, die nebeneinander Bestand haben müssen. Darauf werden wir noch kommen, wenn es um die Unterscheidung der Naturwissenschaften von den Geisteswissenschaften geht. In der Wahrnehmung, dass es sich hier um zwei unterschiedliche Herangehensweisen handelt, die beide mit dem Begriff der Zeit arbeiten, zeigt sich eine deutliche Grenze zwischen einem organischen – in unserem Verständnis einem philosophischen – Denken und dem uns vielfach als selbstverständlich erscheinenden Denken der theoretischen Wissenschaft. Wie sich diese Denkweisen konstruktiv voneinander abgrenzen lassen, um einander dadurch letztlich wieder bereichern zu können, soll das folgende Kapitel zeigen.

# 3 Grau ist alle Theorie. Wie denkt die Wissenschaft?

> Vergebens pressen wir das Lebendige
> in den und jenen von unseren Rahmen.
> Alle Rahmen krachen. Sie sind zu eng,
> zu starr vor allem für das, was wir
> hineinspannen möchten.
>
> Henri Bergson

**Martin Heidegger hat in seiner Vorlesung** aus dem Wintersemester 1950/51 zur Frage „Was heißt Denken?" behauptet, die Wissenschaft denke nicht. Damit hat er natürlich vehementen Protest aus den Reihen der Wissenschaft provoziert, die sich zu recht angegriffen fühlte. Heidegger rechtfertigte seine These damit, dass in dieser Aussage kein Vorwurf gelegen habe, sondern lediglich die Beschreibung eines wissenschaftlichen Arbeitens, welches die Konstruktion und Anwendung von Theorien zum Ziel habe und eben gerade kein selbständiges Denken hervorbringe – es aber auch gar nicht beabsichtige.

Die Wissenschaft hat nach Heidegger eine rein strukturierende, orientierungstiftende Aufgabe, sie sei ein „Bekundungszusammenhang" unter anderen, der aber gerade das außer Acht lasse, was das „Zu-Bedenkende" der Dinge ausmache.

Nach Heidegger beschäftigt sich allein das philosophische Denken mit diesem Nichtgreifbaren der Dinge; er nennt es das „Abwesende", dem das Denken in seinen Gedanken nachgeht, es aber nie zu erreichen imstande ist. Ein solches Denken wird von den Dingen angezogen, kann sie aber immer nur erahnen. Es legt sich entsprechend auch nicht auf Inhalte fest, wie es die wissenschaftliche Forschung tut, sondern zeichnet sich gerade dadurch aus, dass es den Bezug zu den Dingen ähnlich einem Wegweiser lediglich anzeigen kann. Wieder ist es also der Bezug bzw. die Beziehung, die das Denken zu einem wesentlichen macht, seine Gerichtetheit auf etwas, das aber seinen Wert nicht dadurch erhält, dass wir es in letzter Instanz festschreiben können.

Wenn es also einen Vorwurf gibt, den Heidegger an die Wissenschaft richtet, dann ist es ihr Anspruch auf eine letzte Erkenntnis, die das (selbständige) Denken verhindert, nicht aber die Anwendung einer analytischen und rationalen Denkmethode. Dennoch liegt in seiner Aussage natürlich eine grundsätzliche (und polemische) Kritik an der institutionalisierten Wissenschaft, die den Anspruch verfolgt, objektive und damit überzeitlich gültige Antworten zu finden, um uns die Welt zu erklären

## Wahrheit und Wissenschaft: Was kann die reine Theorie?

Kritiker eines rein wissenschaftlich-theoretischen Denkens gab es natürlich schon lange vor Heidegger, und bis heute halten sich diese kritischen Stimmen. Ob sie deswegen immer berechtigt sind, vermögen wir hier nicht zu klären, dennoch ist wichtig klarzustellen, dass die vorgestellten Gedanken in einer langen Tradition stehen und nicht nur das Ergebnis der jüngsten Zeit und einer verstärkten Sinnsuche jenseits rationaler Erkenntnis sind. Schon die aristotelische Festlegung einer „logischen" Metaphysik hat Kritiker auf den Plan gerufen, und nach Nietzsche ist bereits Sokrates der erste theoretische Mensch, der allein das Verständige als das „Gute" gelten ließ und damit dem Verstand als Maß aller Dinge eine besondere Stellung einräumte.

Es soll aber an diesem Punkt nicht um eine Grundsatzkritik oder gar einen Appell zur Abschaffung der Wissenschaft gehen, was ebenso vermessen wie unmöglich wäre, sondern um die Möglichkeiten einer gegenseitigen Ergänzung. Denn – um mit Heideggers Zeitgenossen Karl Jaspers zu sprechen – die Philosophie braucht die Ergebnisse der Wissenschaft ebenso wie die Wissenschaft die Philosophie. Beide sollten sich gegenseitig zu Rate ziehen, einerseits, um die eigenen Grenzen zu klären, andererseits, um den Dialog zu suchen, um diese Grenzen beständig anzupassen und zu verschieben.

Es geht also um die Frage, wie sich das streng wissenschaftliche Denken erhalten lässt, ohne am Anspruch auf objektive Erkenntnis festzuhalten. Denn nur durch das Mitdenken der eigenen Grenzen entsteht eine ausgewogene Balance zwischen dem wissenschaftlichen Feststellen der Dinge und dem philosophischen Hinterfragen.

So gilt noch einmal zu betonen, dass die hier formulierte Wissenschaftskritik nicht an das gesamte theoretische Denken gerichtet ist, sondern an die Überhöhung und die einseitige Verehrung einer rein wissenschaftlichen Erklärung der Welt. Dennoch sollen hier einige Denker zu Wort kommen, die sich zum Teil sehr polemisch gegen den Wissenschaftsbetrieb ihrer Zeit gewehrt haben, wenn auch meist ohne großen Erfolg. So hat beispielsweise der Philosoph Arthur Schopenhauer Mitte des 19. Jahrhunderts über die akademische Philosophie seiner Zeit gewettert und sich klar gegen die traditionelle Universitätsphilosophie gestellt, die sich sehr stark am naturwissenschaftlichen Denken ausrichtete. In leidenschaftlichen Schmähschriften, insbesondere der Abhandlung „Über die Universitätsphilosophie", beschimpft er seine akademischen Gegner, mit denen er vorrangig die Vertreter eines Hegel'schen Systemdenkens meinte, und verurteilt jede Institutionalisierung insbesondere des philosophischen Denkens: „Mich haben die Unterrichtsministerien nicht brauchen können: und ich danke dem Himmel, dass ich kein solcher bin, den sie brauchen könnten. Sie können eigentlich nur solche brauchen, die sich brauchen lassen".

Ganz in diesem Sinne beklagt auch Schopenhauers Bewunderer und Anhänger Friedrich Nietzsche in seiner zweiten „Unzeitgemäßen

Betrachtung", dass die Menschen sich in „wandelnde Enzyklopädien" zu verwandeln begännen, wenn sie allein den Wissenschaften anhingen und ihr Inneres nur noch als „rumpelnde Wissenssteine" existierte. Der moderne Verstandesmensch habe seinen Instinkt verloren (wir erinnern uns an die Gedanken Bergsons), so Nietzsche, seine Philosophie bestehe nur noch dem gelehrten Anschein nach, und die Fülle und Dynamik des Lebens sei verkümmert. In der Welt des Verstandes sei dem Einzelnen nur „das leere Sein, nicht das volle grüne Leben" gewährleistet. Nietzsche wirft dem wissenschaftlichen Denken vor, es hänge der Wahnvorstellung an, das Denken könne bis in die tiefsten Abgründe hinabreichen, es glaube sogar, „dass das Denken das Sein nicht nur erkennen, sondern sogar zu korrigieren imstande sei". Ähnlich wie Nietzsche kritisiert auch Georg Simmel die Wissenschaftsbegeisterung um 1900, die eine absolute Erkenntnis anstrebe und dabei doch nur ein Komplex aus Teilwahrheiten sein könne. Simmel beschreibt die wissenschaftliche Wahrheit als einen frei schwebenden Komplex, „innerhalb dessen wohl Einzelheiten als wahr bewiesen werden können, der aber als ganzer eines solchen Bewiesenwerdens ersichtlich unfähig ist". Die Wissenschaft setze verschiedene geistige Formen als gegeben voraus, so z. B. Kausalität, systematische Ordnung, induktive und deduktive Möglichkeiten der Erschließung, in die vorgefundenen Weltinhalte eingefügt werden. Wir denken an den Schrank, den wir gebaut haben, um das, was wir der Welt zurechnen, schon im Ansatz in einer bestimmten Ordnung unterzubringen. Sie ist damit ein wunderbares Instrumentarium und vielleicht das beste oder einzige, das uns zur Verfügung steht, aber dennoch nicht geeignet, um Aufschluss über so etwas wie letzte Wahrheiten oder Seinserkenntnisse zu geben. Dieser Bereich ist Aufgabe eines anderen Denkens, nämlich das einer am Leben ausgerichteten Philosophie, die gleichzeitig ein anderes Verständnis von Wahrheit und Erkenntnis hervorbringt und transportiert.

## Der Gelehrte und der Philosoph: Zwei verschiedene Perspektiven

Bei der Frage, wie eine solche lebendige Philosophie bzw. wie die theoretische Wissenschaft denkt (und nicht, ob sie es überhaupt tut), steht also weiter die Ergänzung beider Disziplinen im Vordergrund. An dieser Stelle verstehen wir die Philosophie weniger als ebenfalls abstraktes Denkmodell, sondern als eine Haltung zum Leben, als eine Praxis, die gelebt werden will und eben keine theoretische Disziplin sein kann, die selbst wissenschaftliche Erkenntnisse hervorbringt.

Beide Perspektiven zeichnet zunächst ein völlig anderer Umgang mit der Vielfalt, Heterogenität und Komplexität des Lebens aus, der das philosophische Denken als das, was es ist, zu verstehen und weniger im wissenschaftlichen Sinne zu erklären versucht. Die praktische Philosophie sieht Unterschiedlichkeit nicht als zu nivellierenden Mangel an, sondern nimmt sie als Qualität des Lebens selbst ernst. Wie das wissenschaftliche Erklären sich vom philosophischen Verstehen unterscheidet, sollen die beiden folgenden Kapitel ausführlicher zeigen.

### Der Gelehrte: Weltloser Verstandesmensch oder kompetenter Spezialist?

Die Arbeit des Wissenschaftlers basiert auf einem Denken, das sich einem mechanistischen Paradigma verpflichtet und damit meist monokausalen Prinzipien Priorität einräumt. Dem liegt der Glaube zugrunde, dass sich, von einem Ursprung ausgehend, entsprechende Wirkungen ausmachen lassen, die eine Entwicklung vom Nichtwissen zum Wissen vorzeichnen – ganz im Sinne der Aufklärung und ihres maßgeblichen Prinzips der Vernunft. Es zeichnet sich neben dieser Überzeugung von einer weitestgehend objektiven Erkenntnismöglichkeit durch spezifische Methoden aus, die sich durch induktive Schlussfolgerungen (vom Einzelfall auf das Allgemeine) oder deduktive (vom Allgemeinen auf den Einzelfall) ihrem Gegenstand nähern und ihn dadurch erklären bzw. handhabbar machen. Durch diese Methoden schafft bzw. sammelt der Gelehrte Wissen in Form von Fakten und empirischem Material, falsifiziert und verifiziert Hypothesen bzw. Thesen und bildet Theorien auf Basis der Zusammenfassung allgemeiner Merkmale, die er den Dingen durch Beobachtung und Analyse ihrer Bestandteile zuschreibt. Dies führt zu einer in Disziplinen, Hypothesen und Formeln unterteilten Welt, die im besten Fall Orientierung schafft, im schlimmsten Fall aber in bürokratischer Blindheit endet.

Beides hat mit wahrer Erkenntnis, also dem philosophischen Denken im Sinne Heideggers, nichts zu tun, ja es vermeidet sogar den Umgang mit der Wirklichkeit, indem es sie reduziert. Aber Wahrheit oder Seinserkenntnis ist, wie wir gehört haben, möglicherweise gar nicht das Ziel wissenschaftlicher Forschung. Das bringt auch Karl Jaspers auf den Punkt, wenn er Sachkenntnis und Seinserkenntnis voneinander trennt:

> „Wissenschaftliche Sachkenntnis ist nicht Seinserkenntnis. Wissenschaftliche Erkenntnis ist partikular, auf bestimmte Gegenstände, nicht auf das Sein selbst gerichtet. Wissenschaft bewirkt daher philosophisch gerade durch Wissen das entschiedenste Wissen um das Nichtwissen, nämlich um das Nichtwissen dessen, was Sein selbst ist. Wissenschaftliche Erkenntnis vermag keinerlei Ziele für das Leben zu geben. Sie stellt keine gültigen Werte auf. Sie kann also solche nicht führen. Sie verweist durch ihre Klarheit und Entschiedenheit auf einen anderen Ursprung unseres Lebens. Wissenschaft vermag keine Antwort zu geben auf die Frage nach dem eigenen Sinn. Dass Wissenschaft da ist, beruht auf Antrieben, die selbst nicht wissenschaftlich als wahre und seinsollende bewiesen werden können."

Das heißt nichts anderes, als dass die wissenschaftlichen Disziplinen auf grundlegende philosophische Sinnfragen zurückgehen, die sie selbst nicht beantworten, sondern nur bekräftigen können, indem sie ihre eigene Begrenztheit anerkennen. Ebenso verhält es sich mit den Setzungen wissenschaftlicher Methoden. Sie schaffen Wissen, sie ordnen, sie strukturieren und eröffnen den Zugang zu faszinierenden Wissenswelten (also der Sachkenntnis), aber sie bilden nicht das Wesen der Welt ab. Der Wissenschaftler erarbeitet Paradigmen auf der Basis von Hypothesen, die in theoretischen Modellen zu schlüssigen Ergebnissen führen. So wird Systematizität zu einem wichtigen Merkmal wissenschaftlichen

Denkens, wie es Paul Hoyningen-Huene in seinem jüngst erschienenen Aufsatz „Systematizität als das, was Wissenschaft ausmacht" ausführt. Diese Paradigmen sind unerlässlich, um einen Austausch unter den Menschen zu pflegen, um sich sprachlich zu verständigen und die gewonnenen Ergebnisse weiterzuentwickeln, aber keine letzten Antworten und schon gar kein Ersatz für das selbständige Denken jedes Einzelnen.

Es bleibt also dabei: Wissenschaftliche Denkparadigmen sind Thesen, keine gegebenen Instanzen, und indem wir ihnen kritiklos anhängen, verlieren wir die Fähigkeit zum selbständigen, kritischen Denken. Diese Fähigkeit fordert, wachsam zu bleiben, Dinge, Thesen und Anweisungen in Frage zu stellen, Informationen zu sammeln und möglicherweise erstarrten Autoritäten entgegenzutreten: Das gilt für Menschen und Gedanken gleichermaßen und beginnt bereits, wenn wir morgens ins Auto steigen und unseren Kopf gegen Navigationsgeräte eintauschen, um den richtigen Weg zu finden. Dieses Vertrauen in die eigene Wahrnehmung, das, was wir sehen, das wir für richtig halten, ist auch ein Kernthema im Brecht'schen Dialog des Galilei mit seinem Schüler Andrea, wenn er ihm das „Sehen" und nicht das „Glotzen" als wissenschaftliche Qualität vermitteln will. Galilei lässt den kleinen Andrea durch sein Fernrohr schauen und will wissen, was er sieht. Der Junge aber gibt nur das wieder, was zu seiner Zeit „gesehen werden" soll. Galilei wird wütend: „Was siehst Du? Du siehst gar nichts. Du glotzt nur. Glotzen ist nicht sehen." Brecht lässt die Wissenschaft zum Instrument eines neuen Denkens werden, ein Instrument, das die eigene Wahrnehmung unterstützen, aber nicht ersetzen soll. So bittet er im weiteren Verlauf die Herren der Akademie, denen er seine Erkenntnisse bzw. Sichtweisen vorträgt: „Meine Herren, ich ersuche Sie in aller Demut, Ihren Augen zu trauen."

Sofern sich also die Wissenschaft oder ihre Ergebnisse in Form von technischen Geräten mit der Wahrnehmung der menschlichen Sinne verbindet, das wissenschaftliche Denken also im Rahmen seiner Möglichkeiten Anerkennung findet und die eigenen Grenzen mitgedacht werden dürfen, werden die Ergebnisse der Wissenschaft zur notwendigen Grundlage dafür, zeitlich und geschichtlich gebundene Fragestellungen beantworten zu können. So beschwert sich auch Galilei ganz im Sinne der Wissenschaft: „Ich zeige meine Notierungen, und man lächelt, ich stelle mein Fernrohr zur Verfügung, dass man sich überzeugen kann, und man zitiert Aristoteles. Der Mann hatte kein Fernrohr."

In dieser Verknüpfung von wissenschaftlicher Theorie und gesundem Menschenverstand stellt es auch keinen Mangel mehr dar, wenn sich wissenschaftliche Ergebnisse verändern, dass also manches, was früher als richtig galt, heute als falsch angesehen werden muss – selbst wenn es darum geht, aristotelische Erkenntnisse in Frage zu stellen. Um diesen Wandel der Wissenschaften zu verdeutlichen, weist Georg Simmel auf das Mittelalter, die Aufklärer und die Naturforscher vergangener Jahrhunderte hin, die vieles zu wissen schienen, was „für uns entweder gänzlich abgetan oder mindestens gänzlich zweifelhaft ist! Wie vieles von dem, was uns jetzt fraglose ‚Erkenntnis' ist, wird über kurz oder lang das gleiche Schicksal haben!" Wie recht er damit hat, wissen wir nun – nach mittlerweile über hundert Jahren – nur zu genau.

Für den Anspruch auf objektive Erkenntnis ist diese Einsicht schwer auszuhalten, setzt man jedoch den Wunsch nach philosophischer Weisheit an oberste Stelle, so liegt hierin kein Mangel oder gar Scheitern mehr.

Das, was dann zählt, ist der wahrhaftige Versuch, sich im jeweiligen Kontext mit den gegebenen Mitteln dem zu nähern, was zur jeweiligen Zeit als Wahrheit angesehen wird. Das klingt wenig attraktiv in einer Zeit, die Effizienz und Hochleistung zu den eigentlichen Werten erklärt hat; es ist aber das höchste Ziel, das der menschliche Geist wirklich und wahrhaftig erreichen kann, und braucht sich seines experimentellen Charakters nicht zu schämen. Karl Jaspers hat diesen Zugang zur Welt als die höchste Form der „modernen Tapferkeit" beschrieben, denn es braucht Mut, um sich auf diesen Versuch einzulassen, ohne die Gewissheit zu haben, dass die Anstrengung am Ende mit einem Ergebnis belohnt wird. Aber Jaspers beschreibt auch, dass die gewohnte Form der Gewissheit, die wir anstreben, häufig weit hinter dem zurückbleibt, wohin uns ein philosophisches Denken bringen kann: „Es gibt ein Denken, das nicht im Sinne der Wissenschaft zwingend und allgemeingültig ist, das daher keine Ergebnisse hat, die als solche in Formen der Wißbarkeit Bestand haben. Dieses Denken, das wir das philosophische Denken nennen, bringt mich zu mir selbst, hat Folgen durch das mit ihm vollzogene innere Handeln, macht die Ursprünge in mir wach, die auch der Wissenschaft erst ihren Sinn geben."

Abermals wird also die unterschiedliche Richtung dieser beiden Denkweisen deutlich. Es ist ein himmelweiter Unterschied, ob ich mir von der Wissenschaft meine Welt erklären lasse oder meine eigenen Gedanken und Erfahrungen zugrunde lege, um dann die Wissenschaft zu Rate zu ziehen. In beiden Fällen gilt aber die wesentliche These: Die (Natur-)Wissenschaften sind das Produkt einer anthropologischen Sicht auf die Welt, die im Rahmen der Fähigkeiten des menschlichen Verstandes das abbildet, was wir als Wahrheit bezeichnen – wie das erwähnte Gleichnis Nietzsches von den hinter einem Busch versteckten Gegenständen illustriert. Vor diesem Hintergrund wollen wir uns nun mit dem philosophischen Denken beschäftigen, das Jaspers eben nicht als Weg zur wahren Erkenntnis, sondern als „Weg zu mir selbst" beschreibt.

**Der Philosoph: Weltfremder Spinner oder Freund der Weisheit?**

In der Philosophie geht es darum, den Philosophen, den denkenden Menschen, selbst zum Thema seines Denkens zu machen – zunächst als von der Persönlichkeit des Philosophierenden losgelöstes Phänomen, soweit das überhaupt möglich ist. Das Denken (griechisch *philosophía*, „Liebe zur Weisheit") möchte die Welt und die menschliche Existenz deuten und verstehen. Von anderen Wissenschaften unterscheidet sie sich schon dadurch, dass sie nicht auf ein spezielles Gebiet oder eine bestimmte Methode begrenzt ist , sondern in ihren Fragestellungen und Herangehensweisen ebenso vielfältig ist wie die Welt, an die sie sich richtet. Das philosophische Denken bezieht sich nicht auf ein Objekt, sondern beschäftigt sich mit Fragen, die das philosophierende Subjekt selbst betreffen bzw. einbeziehen.

So unterscheidet sich die Philosophie bereits im Ansatz von anderen Disziplinen: Sie macht das zum Thema, was in anderen Forschungsfeldern erarbeitet wird, sie beobachtet, analysiert, klärt Begriffe und stellt Fragen.

Damit schafft sie aber keine zusätzlichen Inhalte, sondern klärt so etwas wie das geistige Fundament, auf dem die weitere Auseinandersetzung stattfinden kann. Also braucht das philosophische Denken das Leben als Erfahrungsraum und lässt sich deshalb kaum zwischen zwei Buchdeckeln studieren oder auf einen rein historischen Rekurs der letzten zwei Jahrtausende Philosophiegeschichte reduzieren Letzteres ist meist das, was mit Philosophen in Verbindung gebracht wird, aber dieser Umgang mit dem philosophischen Denken ist eine spezialisierte Form der historischen Wissenschaften und gerade keine philosophische Lebenspraxis, die das Denken als ein Handeln begreift.

Eine praktische philosophische Haltung basiert auf der Einsicht in die Unmöglichkeit, das Leben „bis ins Letzte zu denken", sich ihm aber dennoch durch das eigene Denken annähern zu können. Hierin liegt die eigentliche – und auch sehr persönliche – Aufgabe eines Philosophen. Und das, was daraus entsteht, ist die Weisheit, die sich über diese nicht auflösbaren Verquickungen im Klaren ist. Der sokratische Ausspruch „Ich weiß, dass ich nichts weiß" ist mehr als ein schnell dahingeworfener Satz, den wir gern mit einem müden Lächeln beiseiteschieben: Er ist Ausdruck für das Verstehen, dass uns in unserem Denken Grenzen gesetzt sind, die wir niemals werden überschreiten können, die aber auch nicht der Grund dafür sein dürfen, die Auseinandersetzung mit der Welt aufzugeben und uns in rein religiöse oder sonst wie geartete Glaubenswelten zu flüchten, die uns das Denken abnehmen.

Der sokratische Wunsch, dem Wesen des menschlichen Miteinanders auf die Spur zu kommen, indem es durch die eigene Reflexion in Bewegung und Entwicklung gehalten wird, ist der Kern dessen, was Philosophie meint. Dafür ist es nicht zwingend notwendig, Aristoteles oder Kant zitieren zu können, auch wenn es sich lohnt, das eigene Denken durch die Gedanken großer Denker zu schulen bzw. in Frage zu stellen. In dieser langen Tradition des Fragens und Nachdenkens findet sich eine Tiefgründigkeit, die in einer Welt verloren geht, in der es häufig nur um das schnelle Finden und Formulieren von Antworten geht, oft ohne zu wissen, welche Fragen sich eigentlich stellen.

Statt diese Qualität aber hervorzuheben und gegenüber den theoretischen Wissenschaften auszubauen, geht es im Rahmen der praktischen Philosophie oft um ähnliche akademische Resultate, um sich unter keinen Umständen den Vorwurf der Unwissenschaftlichkeit gefallen lassen zu müssen. Viel interessanter wäre dabei ein eigener Ansatz, der den der Naturwissenschaften ergänzen und bereichern kann.

Dies hat bereits Martin Heidegger in seinen frühen Schriften herausgearbeitet, wenn er von der Notwendigkeit einer „vortheoretischen" Wissenschaft spricht, die dem philosophischen Gegenstand weitaus angemessener sei und der wissenschaftlichen Vorgehensweise gewissermaßen vorgelagert sein müsse.

Ähnlich äußert sich ganz aktuell der Philosoph und derzeitige Präsident der Deutschen Gesellschaft für Philosophie Julian Nida-Rümelin, wenn er die Wissenschaftskultur in der Philosophie gefährdet sieht, sobald die Tradition geisteswissenschaftlichen Denkens von einem Wunsch nach „Messbarkeit" bzw. einer „ihr fremden Wissenschaftskultur kolonialisiert" werde. Sie dürfe sich nicht in ein enges Korsett von verschulten Studienvorgaben zwängen lassen und damit den nötigen Freiraum für die Entwicklung eines eigenen (philosophischen) Denkens hergeben. Damit verliere sie das, was sie eigentlich auszeichnet: Nida-Rümelin beschreibt die Aufgabe der Philosophie damit, „Mutterwissenschaft, Orientierungswissenschaft, Integrationswissenschaft" zu sein. Sie ist also nicht das Gegenstück zur Wissenschaft, sondern eine ihr eigene Form, die eine besondere Betrachtung erfordert. So lässt es sich wiederum mit Nietzsche halten, wenn man die Philosophie weniger mit der klassischen Wissenschaft als mit einer Weisheit in Verbindung bringt, „die sich ungetäuscht durch die verführerischen Ablenkungen der Wissenschaften, mit unbewegtem Blicke dem Gesamtbilde der Welt zuwendet [...]".

Nehmen wir die Weisheit oder Lebensklugheit also als oberste Leitlinie für das eigene Denken (und nicht das Ansammeln von Sachkenntnis), ergibt sich daraus die Abkehr von einem mechanistischen Weltbild, das nicht anders kann, als einzelne Fragmente in den Blick zu nehmen und dadurch ein physikalisches Verständnis einer Wirklichkeit zu prägen, die die menschlichen Erfahrungen, sinnlichen Wahrnehmungen und den sich immer wieder wandelnden Bezug außer Acht lässt.

Das, was das philosophische Denken in den Blick nimmt, ist die Welt als Organismus – nicht als biologische Konstruktion, sondern als eine aus sich selbst heraus wachsende Schöpfung von Phänomenen, zu denen auch der Mensch gehört. Um diesem Organismus gerecht zu werden, ist eine Verknüpfung beider Denkweisen notwendig. Weder der reine Wissenschaftler noch der reine Philosoph sind dazu in der Lage. Wie sich das mechanistische Denken und das philosophische Annähern an eine organische Weisheit die Hand reichen können, soll das folgende Manifest zeigen, das – 2005 geschrieben – mittlerweile von rund 130 Wissenschaftlern aus aller Welt unterzeichnet wurde und für ebendiesen Brückenschlag plädiert.

## Vom Mechanismus zum Organismus: Das Potsdamer Manifest

„Wir müssen lernen, auf neue Weise zu denken."
Potsdamer Manifest, 2005

Das Potsdamer Manifest ist ein Plädoyer für den Aufbruch in ein neues Denken, das grenzüberschreitend für einen Umgang mit der Unverständlichkeit des Lebendigen eintritt. Verfasst wurde die Schrift von den Naturwissenschaftlern Hans-Peter Dürr, J. Daniel Dahm und Rudolf zur Lippe anlässlich des Albert-Einstein-Jahres 2005. Darin fordern sie in Anlehnung an Einsteins gemeinsam mit Bertrand Russell formulierten Appell zu einem neuen Denken von 1955 eine Weiterentwicklung des wissenschaftlichen Denkens am „Paradigma des Lebendigen".

Lange bevor die gegenwärtige Finanzkrise uns mit einem Aufruf zu gesellschaftlichem Umdenken konfrontiert hat, betonen die Verfasser in ihrem Manifest: „Vielfältigen Krisen, mit denen wir heute konfrontiert sind und die uns zu überfordern drohen, sind Ausdruck einer geistigen Krise im Verhältnis von uns Menschen zu unserer lebendigen Welt. Sie sind Symptome tiefer liegender Ursachen, die wir bisher versäumten zu hinterfragen und aufzudecken. Sie hängen eng mit unserem weltweit favorisierten materialistisch-mechanistischen Weltbild und seiner Vorgeschichte zusammen."

Und weiter fordern die Wissenschaftler ganz im Sinne einer Überwindung des rein mechanistischen Weltbildes, das unser Denken bestimmt: „Wir müssen unser Denken erweitern und unser jetziges Verhalten grundlegend korrigieren. Hierbei können, so glauben wir, gerade die revolutionär erweiterten Einsichten der neuen Physik einen hilfreichen Einstieg für eine Entschärfung und Lösung der Problematik liefern, da sie durch ihre Öffnung eine Neuorientierung erlauben. Das wird Ansatz sein. Er soll jedoch auch als ein ‚Katalysator' dienen, andere zu neuem Denken anzuregen."

Mit den „Einsichten der neuen Physik" sind die Erkenntnisse der Quantenphysik gemeint, die eine Weltdeutung nahelegen, welche „grundsätzlich aus dem materialistisch-mechanischen Weltbild herausführt. Anstelle der bisher angenommenen Welt, einer mechanistischen, dinglichen (objektivierbaren), zeitlich determinierten ‚Realität', entpuppt sich die eigentliche Wirklichkeit (eine Welt, die wirkt) im Grunde als ‚Potenzialität', ein nicht auftrennbares, immaterielles, zeitlich wesentlich indeterminiertes und genuin kreatives Beziehungsgefüge, das nur gewichtete Kann-Möglichkeiten, differenziertes Vermögen (Potenzial) für eine materiellenergetische Realisierung festlegt."

Mit diesen sehr abstrakt formulierten Erkenntnissen weist das Manifest darauf hin, dass die Welt viel weniger aus festen Standpunkten als aus einem relationalen Geflecht von Möglichkeiten und Beziehungen besteht. Nehmen wir quantentheoretische Erkenntnisse wirklich ernst, dann haben wir gar keine Chance, letzte Antworten zu finden – nicht einmal für die kurze Dauer eines Moments. Es ist auf dieser Basis nicht einmal möglich, genau zu bestimmen, womit wir es eigentlich in unserer Welt zu tun haben: Quanten sind ein absolutes „Sowohl als auch" bzw. „Weder noch" aus Wellen und Teilchen, die sich weigern, einen bestimmten Standort einzunehmen. Und das liegt nicht an der Ineffizienz unseres eigenen Denkapparats, sondern an den Dingen selbst. Sylvia Arroyo Camejo schreibt dazu in ihrem Buch „Skurrile Quantenwelt": „Dabei ist von besonderer Wichtigkeit, dass diese Wissensgrenze, laut

Heisenberg et al., nicht aufgrund von technisch begründeten Messungsgenauigkeiten oder unpräzisen Messinstrumenten entsteht, sondern eine definitive Eigenschaft der Materie im Mikrokosmos selbst darstellt. Ein Quantenobjekt hat an sich nun einmal keinen bestimmten Aufenthaltsort bzw. keinen bestimmten Impuls."

Dies ist aber nun kein Grund, das Denken aufzugeben oder jede theoretische Festlegung zu verteufeln, sondern es ist ganz im Sinne unserer Unterscheidung eines substanziellen und eines relationalen Denkens. Auch die Autoren des Potsdamer Manifests fordern einen „Brückenschlag zwischen Quantenphysik, Ökologie und Philosophie", in dem sich zeigen soll, dass „Vielfalt, Unterschiedlichkeit und Wandel als genuin in unserer lebendigen Welt, als unverzichtbar für unsere gemeinsame Evolution" anzusehen sind. „Kreativität, Differenziertheit wie Verbundenheit sind ureigenste Charakteristika des Lebendigen. Die Zukunft ist offen."

Mit diesem Text wird ein Wissenschaftsverständnis eingefordert, das in der Lage ist, die eigenen Grenzen mitzudenken, das sich einem Dialog, einem offenen Diskurs öffnet und die sich daraus ergebende Vielfalt als Bereicherung anerkennt. Es geht nicht um ein neues Wissenschaftsdogma, sondern um die Einsicht, dass nur ein pluralistisches Miteinander der Disziplinen zu einem Umgang mit der Welt führt, der ihr angemessen ist – gerade weil dieser Umgang nicht auf letzter Erkenntnis basiert.

## Die Idee eines komplementären Pluralismus

Eine Grundvoraussetzung dieser im eigentlichen Sinne interdisziplinären Perspektive liegt also nicht in der Abschaffung, sondern in der Erweiterung eines Wahrheitsbegriffs, der nur durch systematische Beweisführung von Aussagen erreicht und definiert werden kann. Dieser sachbezogene, sogenannte propositionale Wahrheitsbegriff ist für eine lebendige Philosophie nicht ausreichend, allerdings hilft auch die simple Einführung eines nicht-propositionalen Wahrheitsbegriffs (im Sinne einer literarischen oder poetischen Erkenntnis der Welt, die dann zur Wahrheit erklärt wird) wenig weiter. Eine solche Umkehrung bleibt auf negative Weise vom traditionellen Wahrheitsbegriff abhängig und kämpft mit der Schwierigkeit, die Unfassbarkeit der Phänomene als solche belassen zu müssen, da jeder sprachliche Ausdruck unmittelbar zu einer „Feststellung" und Verfälschung des Gegenstands führen müsste.

Bereichernd ist allein der Gedanke einer Verknüpfung beider Seiten, die einerseits auf der Anerkennung des propositionalen Wahrheitsbegriffs basiert, der aber mit einem nicht-propositionalen Erkenntnisbegriff verknüpft wird und so die (sinnlichen) Ausdruckformen der Literatur, Dichtung und Kunst als Erkenntnismöglichkeiten mit einbezieht, ohne sofort wieder eine eigene Wahrheit anzustreben. Nicht-propositionale Erkenntnis bezeichnet eher so etwas wie ein Verstehen der Dinge, weniger ein Erklären. Dabei berücksichtigen diese Bereiche ganz bewusst das Moment der Unsagbarkeit, ohne es zu bewerten.

Methodisch lässt sich dieses Konzept als „komplementärer Pluralismus" bezeichnen, der sich mit den Worten des Philosophen Gottfried Gabriel auf folgenden Kerngedanken bringen lässt: „Die Idee eines komplementären Pluralismus von Wissenschaft, Philosophie, Kunst und Dichtung besagt, dass das Verhältnis einer prinzipiellen Gegensätzlichkeit überwunden wird, zugunsten eines Verhältnisses gegenseitiger Ergänzung. Dies bedeutet, dass sich die Einheit der Erkenntnis (um Einheit der Wissenschaft kann es sich wegen der genannten Asymmetrie nicht handeln) gerade nicht in ihrer Gleichartigkeit, sondern durch spezifische Unterschiedenheiten bestimmt, die sich zu einer Gesamtheit fügen."

Eine solche Gesamtheit bzw. solche Gesamtheiten fußen auf der Ergänzung innerhalb einer heterogenen Vielfalt, die zwar einen Zusammenhang herstellt, diesen aber nicht auf etwas ihnen Gemeinsames zurückführen will. Dies schließt das Phänomen Wissenschaft in seiner Gesamtheit wie in seinen Einzeldisziplinen genauso ein wie alle anderen Ausprägungen und Möglichkeiten von Leben, die sich dem Ziel der Erkenntnis verschrieben haben. Damit kann eine solche Erweiterung des Erkennens für das philosophische Arbeiten eine methodische Mittlerrolle zwischen traditioneller Wissenschaft und den künstlerischen Ausdrucksformen darstellen, indem sie sich der Unterschiedlichkeit beider Seiten bedient und sich von den bisherigen Gesetzmäßigkeiten unserer Vorstellung einer objektiven Wahrheit löst.

Dadurch wird etwas sehr Wesentliches erreicht: Die Positionierung „für" oder „gegen" die Wissenschaft ist unerheblich und eine unentschlossene Ambivalenz im eigenen Denken und Handeln vermeidbar. Die Voraussetzung dafür ist allerdings, bestehende Grenzen tatsächlich aufzubrechen und eine erneute Hierarchisierung sowohl der Inhalte wie auch der Methoden konsequent zu vermeiden: Eine Erkenntnis kann durch Meditation oder mathematische Berechnungen zustande kommen, eine Idee darf geträumt, gemalt oder gedichtet sein und braucht nicht schon im Ansatz den Mangeln an Fakten zu fürchten, um Gehör zu finden.

## Das Wesen der Dinge: Sinnvolles Spiel der Möglichkeiten oder purer Zufall?

Wenn wir von einem komplementären Pluralismus sprechen, ist es notwendig, näher zu klären, was das Komplementäre eigentlich meint und wie es sich zu einer wie auch immer gearteten Entwicklung verhält. Im naturwissenschaftlichen Kontext bedeutet das Komplementäre etwas anderes als im philosophischen, dennoch gibt es einen gemeinsamen Kern. Er beschreibt den Zusammenhang von scheinbar widersprüchlichen Eigenschaften innerhalb einzelner Objekte, die keine kausalen Verbindungen, aber gemeinsame Sinnbezüge haben. Ein vollständiger Tag besteht aus Nacht und Tag, und auch wenn das eine immer in Abwesenheit des anderen stattfindet, so braucht es beides, um ein Ganzes zu ergeben: die berühmten zwei Seiten einer Medaille.

Dass scheinbar widersprüchlichen Merkmale einander ergänzen, hat seine geistigen Wurzeln in dem alten asiatischen Prinzip des Yin und Yang, das erst im Zusammenwirken von Gegensätzen ein Ganzes, ein Gemeinsames bildet. Der Begriff des komplementären Pluralismus bezeichnet ein Denken der Philosophie, das sich der eigenen Grenzen und der Abhängigkeit von seinem Gegenstück bewusst ist, darüber sogar seinen Wert bekommt. Das ist in der Tat eine sehr deutliche Umkehr der gewohnten Gedankenarbeit und wichtig für den Aufbruch im (eigenen) Denken. Wir werden noch auf den Begriff des Anderen kommen, der uns auf ähnliche Weise deutlich macht, wie sehr wir selbst durch die Abgrenzung zu dem Anderen überhaupt erst erkennbar werden. Im

Unterschied zum Prinzip des Komplementären ist das Andere allerdings nicht immer notwendigerweise etwas, das uns ergänzt, sondern sich dadurch auszeichnet, dass es in einer absoluten Andersartigkeit verbleibt, die uns aber auf uns selbst zurückwirft.

Im naturwissenschaftlichen Kontext wird der Begriff der Komplementarität ebenfalls als ein Prinzip der Ergänzung beschrieben. Der Physiker Niels Bohr hat das Komplementaritätsprinzip 1927 in Bezug auf die Messung von Materie und Strahlen formuliert und den sogenannten Welle-Teilchen-Dualismus beschrieben. Dieser Dualismus besagt, dass es unmöglich ist, gleichzeitig den Wellen- und den Teilchencharakter von Materie oder Strahlung nachzuweisen, auch wenn beides charakteristisch für den untersuchten Gegenstand ist. Das Wellen- und Teilchenbild ist komplementär und ergibt sich aus der Perspektive des jeweiligen Experiments.

Damit beschreibt das Komplementaritätsprinzip, dass es immer zwei verschiedene Qualitäten desselben Phänomens gibt, die einander bedingen, aber nur einzeln betrachtet werden können. Sie sind dadurch weder ein homogenes Ganzes, noch lassen sie sich in zwei Teile trennen, und damit sind sie komplementär. Um eine solche Ergänzung einander widerstreitender Bestandteile von Gegenständen und Phänomenen „denken" zu können, muss man sich einerseits der Differenz der einzelnen Bestandteile bewusst sein, andererseits aber auch klar erkennen, dass sich das Ganze nicht über die Differenzierung dieser Einzelaspekte betrachten lässt, sondern nur über die Erörterung der relationalen Möglichkeiten innerhalb des gegebenen Zusammenhangs.

Damit kommt ein weiteres Begriffspaar ins Spiel, das ähnlich wie die Beziehung des Relationalen zum Substanziellen den Möglichkeitscharakter der Dinge in den Blick nimmt: Kontingenz und Zufall. In der Philosophie meint Kontingenz eine sehr offen gehaltene Form des Möglichen, das die eben nicht notwendigen, aber doch möglichen Folgen einer bestimmten Situation oder eines Zusammenhangs beschreibt. Es bezeichnet keine zufällige Entwicklung, aber auch keine berechenbaren Prozesse, die klare Prognosen zulassen.

Besonders deutlich wird dieses Prinzip am Beispiel der Evolution, die erst im Rückblick eine Entwicklung deutlich macht, die sich aus einer

Vielfalt von Möglichkeiten ergeben hat. Der Wissenschaftstheoretiker Ernst-Peter Fischer hat dazu in einer Diskussion des „Philosophischen Quartetts“ sehr anschaulich Stellung bezogen und das Prinzip der Kontingenz an die Stelle einer zufälligen Entwicklung in der Evolution gerückt. Zentral ist dabei die sinnvolle Entwicklung, die im Begriff der Kontingenz enthalten ist. Der Zufall beschreibt etwas Willkürliches, das so oder auch ganz anders hätte sein können. Kontingenz hingegen ist zwar nicht berechnen- oder prognostizierbar, aber immer schon im Potenzial der Sache oder der Situation enthalten und damit Teil eines gegebenen Zusammenhangs.

Wenn wir die Prinzipien der Komplementarität und der Kontingenz ernst nehmen, dann wird die Perspektive eines wissenschaftlich-theoretischen Denkens in einen Kontext von Möglichkeiten eingebettet. Sie ist dann der von Heidegger betonte „Bekundungszusammenhang“ unter anderen und nicht der Königsweg zur Wahrheit. Die Wissenschaft steht damit gleichwertig neben anderen Ausdrucksformen, bietet aber weiterhin eine wichtige Stütze für den Umgang mit dem Leben. Deshalb ist auch der Vorwurf, die Wissenschaft denke nicht, von Seiten Heideggers eine polemische Vereinfachung und für eine Erweiterung der Philosophie im Sinne eines komplementären Pluralismus wenig konstruktiv. Um dem näher zu kommen, gibt es innerhalb der Wissenschaften einen weiteren Denkansatz, der so naheliegend wie hilfreich ist: die Untersuchung dessen, was die Geisteswissenschaften ausmacht. Wenn wir u. a. Literatur, Dichtung und Kunst als (nichtpropositionale) Erkenntnismöglichkeiten ernst nehmen wollen, um zu einer anderen Form des Denkens zu gelangen, dann ist der Blick auf jene Disziplinen, die sich inhaltlich wie methodisch der geistigen Welt widmen, unerlässlich.

## Das geisteswissenschaftliche Denken: Verstehen oder Erklären?

> Die wahre philosophische Haltung ist
> nie die eines logischen Tyrannen, der
> durch sein Anstarren das Leben verängstigt.
>
> Martin Heidegger

Der Philosoph Wilhelm Dilthey denkt Ende des 19. Jahrhunderts in seinen Arbeiten als einer der Ersten darüber nach, wie es gelingen kann, den naturwissenschaftlichen Fakten so etwas wie Bewusstseinstatsachen entgegenzusetzen. Damit nimmt er einerseits die Andersartigkeit der gesellschaftlich-geschichtlichen Welt ernst, tritt aber gleichzeitig dem Vorwurf eines willkürlichen und relativistischen Denkens entgegen, das der sogenannten Lebensphilosophie aus den akademischen Kreisen entgegentönt. Er fordert ein anderes Denken, das dem Erleben und der Erfahrung des Menschen mehr Raum gibt als der Abstraktion und dem rein rationalen Verstand, plädiert aber gleichzeitig für klare Kriterien, die auch das Material des Bewusstseins vermittelbar machen. Das Ergebnis dieser Überlegungen ist u.a. in seiner „Einleitung in die Geisteswissenschaften" (1883) zusammengetragen und zeigt Möglichkeiten auf, das eigene Denken zu verändern, ohne sich gleichzeitig von einem systematischen Anspruch verabschieden zu müssen. Zunächst erläutert Dilthey ganz allgemein, was der Gegenstand dieser Wissenschaft des Geistes sein wird: „Das Ganze der Wissenschaften, welche die geschichtlich-gesellschaftliche Wirklichkeit zu ihrem Gegenstande haben, wird in diesem Werke unter dem Namen der Geisteswissenschaft zusammengefasst."

Gleichzeitig bezeichnet er die traditionelle Naturwissenschaft kritisch als einen „Inbegriff von Sätzen, dessen Elemente Begriffe, d.h. vollkommen bestimmt, im ganzen Denkzusammenhang konstant und allgemeingültig, dessen Verbindungen begründet, in dem endlich die Teile zum Zweck der Mitteilung zu einem Ganzen verbunden sind (...)."

Auch Dilthey wirft der abstrakten Form der Wissenschaft vor, ein statisches Bild der Welt zu zeichnen, das vollkommen untauglich ist, wenn es um soziale und zeitabhängige Strukturen geht, wie sie das Miteinander von Menschen in einer Gesellschaft nun einmal abbilden. Demnach ist das Ziel der Dilthey'schen Untersuchungen keine Erkenntnis, die eben diese Welt „fest-stellt", sondern ein – relationales – Verstehen, das die Beziehungen und Interaktionen in den Blick nimmt und innerhalb dieser Dynamik nach den Ursprüngen menschlichen Denkens und Handelns fragt. Auf diese Weise soll die Wirklichkeit nicht auf wissenschaftliche Weise „gemeistert", sondern aus dem Leben heraus „begriffen werden."

Dilthey wendet sich mit seinen Schriften aber nicht nur gegen Verfechter einer rein naturwissenschaftlichen Erkenntnis, sondern auch gegen Vertreter einer systematischen Philosophie, die zwar das Geistige im Sinne der Vernunft thematisiert, das Sinnliche dabei jedoch ausklammert bzw. unterordnet. So wirft er beispielsweise dem Denken Kants vor, dass „in den Adern eines kantischen, auf die Vernunft reduzierten Subjekts nicht wirkliches Blut, sondern der verdünnte Saft von Vernunft als bloßer Denktätigkeit" fließe. Es geht also auch innerhalb der Philosophie um ein Umdenken bzw. die Akzeptanz dessen, was das Phänomen des Lebendigen für das Denken der Philosophie bedeutet.

## Sinnvolles Denken: Philosophie als Erfahrungswissenschaft

Im Mittelpunkt der Geisteswissenschaften steht nach Dilthey der ganze, der fühlende, wollende und denkende Mensch. Diese drei Qualitäten ermöglichen uns den Zugang zu unserer Welt und zeichnen all das aus, was wir mit unserem Geist schaffen: das gesellschaftliche Miteinander, sittliche und moralische Werte, Gesetze und Institutionen und so vieles mehr. All das ist geprägt von den Erfahrungen, die wir selbst und die Generationen vor uns zusammengetragen haben, durch Erlebnisse und nicht nur durch abstrakte Erkenntnisse.

Diesen emotional-sinnlichen Zugang zur Welt nutzen wir wie selbstverständlich, solange es sich um persönliche Belange handelt; wenn es aber um das Lösen von Problemen, wissenschaftliche Forschung oder wirtschaftliche Strategien geht, wollen wir von sinnlichen Erfahrungen nicht mehr viel wissen – dann muss der Verstand, die Abstraktion, das (rationale) Denken her.

Es scheint, als beträten wir mit dem Anspruch an eine objektiv gültige Antwort einen neuen Raum und hängten bereits an der Tür unser sinnliches Erleben an die Garderobe. Wollen wir aber das geisteswissenschaftliche Denken auch in anderen Kontexten nutzen, dann gehören alle Sinne in diesen Raum, mit an den Konferenztisch und auf die Agenda. Denn erst dieses platonische innere Gespräch mit der Seele gibt unserem Denken seine eigentliche Qualität bzw. versorgt es mit seinen wesentlichen Inhalten. Durch ein solches Gespräch entwickelt sich aus einem Erlebnis eine Erfahrung, die zunächst mir selbst, dann aber auch meiner Umgebung mitteilbar wird und sich in einem zweiten Schritt zu den Erfahrungen ins Verhältnis setzen lässt, die meine Mitmenschen aus ihren Erlebnissen ziehen.

Der Unterschied zwischen einem Erlebnis und einer Erfahrung liegt darin, dass ich erst Erfahrungen machen bzw. sammeln kann, wenn ich bereits Erlebnisse durchlebt habe. Erfahrungen setzen sich meist aus verschiedenen Erlebnissen zusammen, die möglicherweise eine bestimmte Einsicht prägen, eine Vorliebe verdeutlichen oder auch durch wiederkehrende Gedanken zu einer geistigen Erfahrung werden können. So lässt sich eine Erfahrung als das mitteilbare Konzentrat eigener Erlebnisse beschreiben.

Das Erleben hingegen ist nicht auf Erfahrungen angewiesen. Es ist eher einem sinnlichen Geschehen vergleichbar, das flüchtig oder intensiv sein kann, aber nicht zwingend einen bleibenden Eindruck hinterlässt – und damit oft auch nicht den prägenden Einfluss von gemachten Erfahrungen hat.

Wenn sich also die persönlichen menschlichen Erfahrungen und die daraus entstehenden kulturellen Gebilde wie sittliche Maßstäbe, Gesetze oder auch politische Zusammenhänge als Gegenstand wissenschaftlichen Denkens adäquat beschreiben und ausdrücken lassen sollen, dann ist eine andere Art der Herangehensweise notwendig als das substanzielle

Denken der Naturwissenschaften. Da aber auch ein geisteswissenschaftliches Denken sich nicht auf ein persönliches „so bin ich eben" oder „das war schon immer so" zurückziehen kann, wenn es nicht als willkürlicher Selbstversuch enden will, braucht es Kriterien und Methoden, um zu einer Verständigung zu kommen.

## Die Hermeneutik: Alles eine Frage der Interpretation

Eine solche Methode, die sich seit über einem Jahrhundert innerhalb der Geisteswissenschaften entwickelt hat (wenn auch nach wie vor eher im Schatten der Naturwissenschaften), ist die Hermeneutik, die ebenfalls bei Dilthey eine zentrale Rolle spielt, aber auf die Schriften des Romantikers Friedrich Schleiermacher zurückgreift. Die Hermeneutik hat ihren Ursprung in der frühen Auslegung der Bibeltexte und beschreibt im Kern nichts anderes als die Kunst der Auslegung, der Interpretation, mit der wir uns dem Verstehen sinnvoller Ausdrucksformen – insbesondere von Texten – widmen.

Allein in dem Begriff der Auslegung zeigt sich ein anderes Verhältnis der Geisteswissenschaften zu dem von ihr untersuchten Gegenstand: Er wird interpretiert und nicht erkannt, es gibt also immer andere Möglichkeiten und keinen alleinigen Anspruch auf das richtige Verständnis. Eine Interpretation steht und fällt mit den Annahmen, die zugrunde gelegt werden, also den zur Verfügung stehenden Informationen und Einschätzungen, die derjenige mitbringt, der interpretiert. Damit bleibt eine letzte Distanz zwischen dem Geisteswissenschaftler und seinem Gegenstand, die der Philosoph Ernst Cassirer in seiner „Philosophie der symbolischen Formen" als unüberwindbar beschrieben hat.

Wir können uns unserer Welt nur über die Symbolik unserer eigenen Ausdrucksformen nähern und erreichen niemals geistige Abbilder irgendeiner objektiven Realität. Diese Einsicht nimmt die Hermeneutik in ihre Arbeitsweise auf und betont entsprechend viel stärker das „Wie" ihrer Herangehensweise als das „Was" ihrer Ergebnisse. Damit ist schon im Ansatz des geisteswissenschaftlichen Verstehens deutlich, dass es – für naturwissenschaftliche Kontexte eher fremd – verschiedene richtige

Wege bzw. Antworten geben muss, um einen Text, ein Kunstwerk oder auch ein soziales System zu verstehen.

Diltheys Arbeiten entwickeln genau diese Ansätze der hermeneutischen Methode weiter, die im 20. Jahrhundert von Martin Heidegger, maßgeblich aber von Heideggers Schüler Hans-Georg Gadamer weitergeführt wurden, der mit „Wahrheit und Methode" (1960) ein Standardwerk der Hermeneutik verfasste. In der Folge dehnte die Hermeneutik ihren Gegenstandsbereich auf das ganze Spektrum verstehender Erkenntnis aus, indem sie betonte, dass jegliche Form von Wissen letztlich auf Auslegung beruhen müsse.

Was bedeutet diese Einsicht für das Denken, für unseren aktuellen Blick auf die Fragestellungen einer Welt, die uns kaum Zeit lässt, um sie zu interpretieren? Sich ernsthaft mit den Bedingungen, den Hintergründen und Details von einzelnen Situationen und Zusammenhängen zu beschäftigen, scheint kaum mehr möglich, wenn wir uns das Tempo unseres alltäglichen Lebens ansehen.

Aber auch hier sind allein wir es, die auswählen, was einen Teil unseres Lebens ausmachen soll, welche Fragen, Themen und Produkte wir zu unserem Anliegen machen. Um die Orientierung zu behalten oder zu gewinnen, braucht es eine andere Form der Selektion und nicht ein reduziertes Denken, das möglichst viel in möglichst kurzer Zeit in seinen ganz persönlichen Baukasten einordnen kann.

Denn gerade, wenn es um das Verstehen, die Auslegung oder Interpretation der eigenen Welt geht, hilft es selten weiter, sich in Schubladen oder Programmen zu bewegen, in der Hoffnung, dass uns irgendwo Erkenntnis und Weisheit vor die Füße fallen. Wie sich bereits bei der Erörterung des bürokratischen Denkens gezeigt hat, liegt die eigentliche Herausforderung für unseren Geist darin, sich aus dem „Entweder-oder", dem Denken in Gegensätzen und einzelnen Bausteinen zu lösen, um zu einem tragfähigen „Sowohl-als-auch", einem Denken in beweglichen Beziehungen, zu kommen.

## Das Denken im „Entweder-oder“ und die Angst vor dem „Sowohl-als-auch“

Der dänische Philosoph Sören Kierkegaard ist einer der wichtigsten Wegbereiter für das Denken der sogenannten Existenzphilosophie, die Mitte des 19. Jahrhunderts insbesondere durch die Betonung und kritische Neubewertung der menschlichen Freiheit – als möglicher Last – Beachtung gefunden hat.

Kierkegaard setzt in seinen Schriften zunächst große Hoffnungen in die Unterscheidung einer positiven von einer negativen Philosophie, die auf den romantischen Philosophen Friedrich Schelling zurückgeht. Schelling zieht eine geistige Grenze, die die abstrakt-theoretische Philosophie von einer wahrhaftigen Philosophie trennt, die aus den Dingen, also aus dem Leben selbst, heraus entsteht.

Letztlich war Kierkegaard aber von der Philosophie Schellings enttäuscht, die nach seinem Dafürhalten nicht das einlöste, wozu sie selbst aufrief, nämlich einer Philosophie im Dienste der lebendigen Wirklichkeit: „Wenn man die Philosophen von der Wirklichkeit reden hört, so ist das oft ebenso irreführend, wie wenn man im Schaufenster eines Trödlers auf einem Schild die Worte liest: «Hier wird gerollt». Wollte man mit seiner Wäsche kommen, um sie rollen zu lassen, so wäre man angeführt. Das Schild hängt nur zum Verkauf da.“

So wurde es zum erklärten Ziel Kierkegaards, diese wahrhaftige Philosophie in seinem eigenen Denken weiterzuentwickeln. Ein zentraler Ansatz ist dabei seine Unterscheidung eines „existierenden“ von einem „subjektiven“ Denker. Im Gegensatz zu dem existierenden Denker nimmt der subjektive Denker die eigene Existenz als Teil seines Denkens an und akzeptiert die subjektive Gebundenheit des philosophischen Denkens. Damit löst er sich von einem dualistischen Denken, das sich in der ewigen Gegenüberstellung von Ich und Welt, von Innen und Außen, Theorie und Praxis und dem „Entweder-Oder“ manifestiert.

Das Sich-Einlassen auf diese Tatsache aber bedeutet, dass wir die eigene Existenz als ein „Sowohl als auch“ akzeptieren lernen. Unsere Existenz, die nach Kierkegaard aus dem eigenen Wesen hervorgeht, ohne damit ein statisches Ich zu sein, erfahren wir nur in kurzen Momenten, einzelnen Augenblicken, und nie können wir ihrer sicher sein. Erst eine existenzielle Erfahrung selbst lässt uns akzeptieren, dass wir auch die andere Seite unseres Lebens annehmen lernen, die unsichere, fremdbestimmte und vor allem ängstliche.

Kierkegaard beschäftigte sich intensiv mit dem Gefühl der Angst, das aus einer solchen Lebenspraxis entsteht, und bestimmte sie als nicht überwindbar. Sie gehört zu uns, und es braucht großen Mut, mit ihr umzugehen.

Das heißt also, dass wir keine Möglichkeit haben, unsere grundsätzliche Angst vor dem Scheitern, dem Verlust, dem Nichtgelingen zu überwinden, aber wir können lernen, besser mit ihr zu leben. Hierin liegt ein wichtiger Gedanke, der sich gegen das „Entweder-oder"-Denken richtet: Auch mit unserer Angst können wir ein gelungenes Leben führen, vielleicht sogar nur mit ihr. Dazu müssen wir sie aber zunächst wahr- und ernst nehmen und uns in eine Auseinandersetzung mit dieser Angst begeben, die Kierkegaard mit dem Schwindel der Freiheit (dem Charakter der Potenzialität, wie er im Potsdamer Manifest angesprochen wurde) vergleicht: „Angst ist nichts für Feiglinge", ein Credo, das zeigt, worin der eigentliche Mut einer philosophischen Lebensweise liegt: im Aushalten des Unverständlichen, im Umgang mit einer Welt, die in ihrer Unabgeschlossenheit eine Schönheit birgt, die wir nur erkennen können, wenn wir uns von der Vorstellung verabschieden, sie mithilfe unseres Verstandes durchdringen zu wollen. Wir erinnern uns an das Kunstwerk, das Gemälde, das sich nicht durch die Erörterung seiner chemischen Zusammensetzung erfassen lässt.

Dieser Mut, den es braucht, um sich der eigenen Angst vor der (unvermeidlichen) Unsicherheit zu stellen, führt uns zu einem weiteren Begriff, der derzeit in aller Munde ist, aber oft als Hülse und Vorwand für die Unmöglichkeit neuer Lösungsansätze genutzt wird. Es geht um die aktuelle Frage nach einer vermeintlich stetig wachsenden Komplexität unserer Umwelt, die uns dauernd vor neue Entscheidungen zu stellen scheint.

# 4 Wie denken wir Komplexität?

Der Mensch ist immer mehr,
als er von sich weiß. Er ist nicht,
was er ein für allemal ist, sondern
er ist Weg; nicht nur ein
festzustellendes Dasein als
Bestand, sondern darin Möglichkeit
durch Freiheit, aus der er noch
in seinem faktischen Tun
entscheidet, was er ist.

Karl Jaspers

**Was bedeutet Komplexität?** Ist sie etwas von außen Gegebenes, etwas, das in den Dingen liegt und uns herausfordert, wie ein Knäuel, das es zu entwirren gilt? Oder ist sie eine Qualität der Dinge, die wir hinnehmen müssen? Vielleicht hat die Komplexität, die wir vorfinden, immer etwas damit zu tun, wie wir uns in der Welt eingerichtet haben? Ist sie dementsprechend eher unsere ganz eigene Komplexität?

Im Folgenden wollen der Frage nachgehen, was den Umgang mit komplexen Zusammenhängen so kompliziert macht und woher gegenwärtig das Gefühl rührt, dass die Welt immer komplexer, immer verwirrender wird.

Die Welt hat – um mit dem Systemtheoretiker Niklas Luhmann zu beginnen, der uns noch häufiger begegnen wird – schon immer mehr Möglichkeiten enthalten, als in ihr zur Verwirklichung kommen können. Dies ist das erste Merkmal einer Welt, die wir als komplex erleben, und kein neues Phänomen. Dennoch scheint die Anzahl der nichtverwirklichten Möglichkeiten in den letzten Jahrzehnten gestiegen zu sein, bzw. unser Bewusstsein über diese zur Verfügung stehenden Möglichkeiten hat sich verändert. Die Grundproblematik aber bleibt bestehen, nämlich dass wir ständig vor Entscheidungen stehen, also zwischen Alternativen wählen müssen, und je mehr Alternativen es gibt, desto weniger wissen wir, wie wir uns entscheiden sollen. Das stetige Bedauern darüber, dass unsere Welt immer komplexer wird, hat also hauptsächlich damit zu tun, ob und wie wir uns selbst in unserer Welt bewegen, es beschreibt weder einen Verfall oder noch eine irgendwie zu bewertende Entwicklung der Welt selbst.

Wir haben uns Instrumente dafür geschaffen, einer komplexen Umwelt begegnen und die Möglichkeiten, die uns unsere Welt bietet – ihr Potential –, besser erklären oder verstehen zu können. Ob uns das wirklich gelungen ist, darf bezweifelt werden. Zunächst war das Ziel dieser zum Teil sehr kreativen Ideen und Erfindungen im Laufe der Industrialisierung die Vereinfachung von Arbeitsprozessen. Der Einssatz von Maschinen in der Produktion, die Möglichkeit, diese Produkte auf neue und effiziente Weise durch das halbe Land zu transportieren: Durch all diese Dinge sollte die Welt einfacher, nicht komplizierter werden, aber diese Form des Fortschritts scheint nicht dazu geführt zu haben, dass wir nun tatsächlich besser mit komplexen Prozessen umgehen können. Schon hier kündigt sich eine wichtige Unterscheidung von Kompliziertheit und Komplexität an, auf die wir später noch eingehen werden. In den vorangegangenen Kapiteln hat sich gezeigt, dass wir nach wie vor versuchen, mit einem alten (einem systematisch-substanziellen) Denken auf eine Welt zu reagieren und einzuwirken, die auch in unserem täglichen Leben immer schon eine relationale Welt der Beziehungen gewesen ist und uns eigentlich einen organischen Denkansatz abverlangt. Noch vor wenigen Jahrzehnten ließ sich dies noch durch das substanzielle

Denken verschleiern, durch globale Zusammenhänge, den technischen Fortschritt und individuelle Freiheiten in Fragen der eigenen Lebensgestaltung gelingt diese Illusion aber immer weniger.

Diese Kluft ist weniger das Ergebnis technischer Entwicklungen und Apparate, sondern die Folge eines veränderten Anspruchs an das, was wir von einer Welt wollen, die seit jeher komplex ist und nur über ihre Prozesse verstanden werden kann. Um dies zu veranschaulichen, möchte ich ein Beispiel aus der Literatur anführen und keine wissenschaftliche Studie – eine Geschichte, die deutlich macht, wie sich ein lebendiger Zusammenhang verhält und vor welche Probleme er uns stellt, wenn wir ihn durch Kontrolle bzw. Geräte zu beherrschen versuchen.

## Das komplexe Spiel des Alltags

Ein Beispiel für komplexe Prozesse, die dennoch im Rahmen bestimmter Regeln verlaufen, ist das Spiel. Es beschreibt eine Form der Komplexität, die formal beschränkt ist, uns aber dennoch jede Möglichkeit einer berechenbaren Prognose versagt. Was passiert, wenn wir uns auf diese Regeln nicht mehr verlassen können, zeigt sich in einer Episode aus dem Buch „Alice im Wunderland" von Lewis Carroll sehr anschaulich.

Es geht um eine Croquetpartie, zu der Alice von der sehr ehrgeizigen und grausamen Königin eingeladen wird. Alice nimmt nur widerwillig an, denn diese Croquetpartie scheint alles andere als ein ernstzunehmendes Spiel zu sein: Das gesamte Zubehör ist lebendig, der Ball ein Igel, der sich ständig ein- und ausrollt und nie dort liegen bleibt, wo sie ihn platziert. Die Tore wandern eigenständig über das Spielfeld und die Schläger sind Flamingos, für die es alles andere als selbstverständlich ist, als Schlagstock zu fungieren. Dazu kommt, dass die Regeln völlig unklar sind, weil alle Spieler gleichzeitig und ohne jede Reihenfolge die Bälle schlagen. Das Spielfeld besteht aus Hügeln und Furchen, so dass selbst auf die eigene Treffsicherheit kein Verlass sein kann. Auf die Frage, wie sie zurechtkomme, antwortet Alice resigniert: „Bei dem Spiel geht es nicht mit rechten Dingen zu. (...) und alle streiten so furchtbar, dass man sein eigenes Wort nicht mehr versteht – und Regeln gibt es anscheinend überhaupt keine; oder wenn es welche gibt, hält sich keiner daran – und du kannst dir gar nicht vorstellen, wie man durcheinanderkommt, wenn das ganze Spielgerät lebendig ist; mein nächstes Tor zum Beispiel läuft gerade dort hinten auf dem Spielfeld herum – und ich hätte bestimmt gerade den Igel der Königin eroquiert, wenn er nicht vor dem meinen davongelaufen wäre."

So manche Führungskraft dürfte sich an ihren Alltag erinnert fühlen, und wie die meisten von ihnen versucht auch Alice tapfer, ihren eigenen Vorstellungen eines geordneten Spielverlaufs nachzukommen: Sie bemüht sich, den Flamingo einzufangen, der gerade versucht, in eine Baumkrone zu fliegen, sie nutzt die Gelegenheit eines Streits von zwei sich balgenden Igeln, um gleich zwei Bälle auf einmal zu schlagen, verliert dabei aber die Kontrolle über ihren Flamingo. Schließlich stellt sie fest, dass das gar kein ernsthaftes Problem mehr darstellt, weil ihre Tore ohnehin vom Spielfeld verschwunden sind. Am Ende entscheidet sich Alice, einfach an den Spielfeldrand zurückzukehren, um mit ihrer Freundin, der Katze, zu plaudern.

Was Alice in diesem Spiel vorfindet, ist eine unberechenbare und unüberschaubare Situation, die aber – als Spiel deklariert – eigentlich einer gewissen Ordnung unterworfen sein sollte. Diese Ordnung existiert in ihrer Vorstellung, und sie bemüht sich nach Kräften, die Wirklichkeit ihrer Vorstellung einer Wahrheit – nämlich der eines wahren Spiels – zu unterwerfen. Dadurch entstehen verwickelte und unlösbare Situationen, die ihre Verzweiflung nur noch steigern und sie von ihrem Ziel entfernen, bis sie sich endlich entschließt, den Dingen ihren Lauf zu lassen und die Plauderei mit der Katze der Croquetpartie vorzuziehen.

Manche dieser Schwierigkeiten dürften uns bekannt vorkommen. Schauen wir uns unser eigenes Verhalten an, überlegen wir, wie unsere Umwelt, unsere Beziehungen oder auch Unternehmen aufgebaut sind: So vieles könnte einwandfrei funktionieren und herrlich einleuchten, wenn wir mit der Exaktheit von Apparaten bestimmten Regeln und Ordnungen gehorchten. Können wir aber nicht, und das ist nicht immer nur schlecht. Selbstverständlich wäre es nicht ratsam, dass der Vorstand eines großen Unternehmens sich allzu häufig an den Rand des Geschehens zurückzöge, um dort mit Freunden zu plaudern und den Dingen ihren Lauf zu lassen. Aber wesentlich bleibt dennoch, dass die häufig anzutreffende Reaktion einer verschärften Kontrolle, einer Überregelung von komplexen Prozessen, ebenso wenig zur Lösung beiträgt.

Der Biologe und Organisationspsychologe Peter Kruse, der seit vielen Jahren die Komplexität intelligenter Netzwerke erforscht und zu diesem Thema auch Führungspersönlichkeiten in Unternehmen berät, trifft dazu eine wichtige Unterscheidung: Komplizierte Prozesse (im Sinne des bürokratischen Überbaus) lassen sich durch Regeln und Kontrolle vereinfachen, komplexe Prozesse aber werden durch den Versuch einer straffen Kontrolle banalisiert, trivialisiert und letztlich zerstört – die Komplexität selbst wird nicht reduziert.

Um sich komplexen Situationen und Entscheidungen zu nähern und mit ihnen umgehen zu können, helfen also keine Regelgerüste oder 10-Punkte-Programme, sondern allein die eigene Wahrnehmung und eine offene und authentische Kommunikationsform, die die Intuition einbezieht: Wie rede ich am besten mit einem Flamingo? Gibt es einen Grund für das Tor, gerade jetzt das Feld zu verlassen? Wie oft muss sich der Igel ausrollen, bevor ich ihn bitten kann, liegen zu bleiben?

Möglicherweise ist es aber weniger die Kommunikation mit den „Spielern" selbst als der Austausch mit anderen Beteiligten über das „Spiel": Wie gehen wir die Situation an? Welche Erwartungen sind realistisch? Was können wir unter den gegebenen Umständen für Prognosen abgeben?

Die Einsicht, dass es auf komplexe Fragen keine eindimensionalen Antworten gibt, und die Bereitschaft zur offenen Kommunikation sind die Bedingungen für den gelungenen Umgang mit komplexen Prozessen: der Austausch mit meiner Umwelt, mit meinem Mitmenschen und mir selbst. Jeder Einzelne von uns ist ein komplexes Gefüge aus sich widerstreitenden Gedanken und Gefühlen, aus Wünschen und Fähigkeiten, die bei Weitem nicht immer ein geschlossenes Bild ergeben. Wenn wir also keine idealistische Erwartung an irgendeine harmonische Einheit haben, dann geraten wir auch nicht permanent mit den Folgen eines dualistischen Denkens in Konflikt, sondern lernen im Austausch einen Umgang mit der Dynamik der Dinge, der die Bewegung und Veränderung von

Prozessen für uns nutzbar macht und so die gefühlte Komplexität deutlich reduziert.

Dieser inneren Haltung liegt eine grundsätzliche These zugrunde: Komplexität lässt sich nicht überwinden. Sie ist wesentlicher Bestandteil der Welt, die so viel mehr ist als die mechanische Summe ihrer Teile und darin auf eine ihr eigene Weise rätselhaft und verschlossen bleibt. Mit einem Aufbruch im Denken ist also nicht gemeint, Komplexität aufzulösen oder zu vermeiden, sondern einen besseren Umgang mit ihr zu lernen, ähnlich der Helligkeit, die wir nur durch die Akzeptanz der Dunkelheiten erreichen können, wie Georg Simmel so treffend festgestellt hat.

## Was ist Komplexität?

Komplexität beschreibt das Zusammenspiel verschiedener Strukturen, die durch Interaktionen Verbindungen knüpfen und so einen Zusammenhang bilden. Der Psychologe Dietrich Dörner hat in seinem Buch „Die Logik des Misslingens" Komplexität als „die Existenz von vielen, voneinander abhängigen Merkmalen in einem Ausschnitt der Realität" bezeichnet. Also erhöht sich Komplexität nach Dörner in Abhängigkeit von der Anzahl der Merkmale sowie ihrer Verbindungen untereinander, die zu dem jeweiligen Realitätsausschnitt gehören. Allein die Zusammensetzung verschiedenartiger Teile zu einem Ganzen erzeugt noch keine Komplexität (ein Kuchen ist auch dann kein komplexes Gebilde, wenn er in verschiedene Kuchenstücke aufgeteilt wird). Verschiedenartig heißt eher, dass es um unterschiedliche Ebenen geht, die ein heterogenes Zusammenspiel bilden, ohne eine homogene Einheit zum Ziel zu haben – ganz im Sinne der Idee eines komplementären Pluralismus.

In diesem Fall spricht man von Detailkomplexität: Sie beschreibt einen Zusammenhang aus Einzelteilen, die in sich unterschiedliche Strukturen haben, aber in ihrem Zusammenspiel aufeinander angewiesen sind. Es gibt noch weitere Formen wie z. B. die dynamische Komplexität, die sich aus zeitlichen Zusammenhängen und Kontexten ergibt und dadurch entsteht, dass die Teile eines Zusammenhangs – unabhängig von ihrer Struktur – ständig in Bewegung sind und damit auch die Beziehungen zwischen diesen Teilen permanent andere sind und werden. Wir denken an die Croquetpartie.

Komplexe Situationen zeichnen sich jedoch in beiden Formen dadurch aus, dass unser Wissen über ihre Zusammenhänge niemals vollständig und abgeschlossen ist. Auch die Annäherung bzw. das Verstehen dieser Zusammenhänge kann nicht in Gänze erfolgen, sondern nur in Ausschnitten beobachtet und beschrieben werden.

Wenn es also darum geht, in einer komplexen Situation eine Entscheidung zu treffen, kann eine Wahl nur auf der Basis eines unsicheren Wissens getroffen werden. Eine absolut richtige oder falsche Entscheidung auf der Grundlage objektiver Fakten gibt es nicht.

Ein weiteres Mal trifft diese unbequeme Einsicht zu, wenn wir neben der Detail- und der dynamischen Komplexität noch den Begriff der sozialen Komplexität hinzunehmen, den Niklas Luhmann entwickelt hat. Bei der Frage, was eigentlich ein System ausmacht, werden wir darauf noch näher eingehen. Dennoch ist es wichtig, den Begriff an dieser Stelle bereits zu erwähnen, weil er neben der reinen Beweglichkeit komplexer Zusammenhänge auch die geistige bzw. soziale Verfasstheit ihrer Einzelteile, also einzelner Menschen, berücksichtigt und damit ein weiteres Feld der Komplexität eröffnet. Erinnern wir uns an den Begriff der Kontingenz, der ebenfalls bei Luhmann eine zentrale Rolle spielt, dann geht es auch im Rahmen der sozialen Komplexität nicht um eine notwendige Reduktion der Möglichkeiten, sondern darum, einen offenen Umgang mit der Welt zu finden, im Sinne eines organischen Möglichkeitsraumes, der immer auch anders sein könnte.

Wir wollen uns den ersten beiden Bereichen der Detail- bzw. der dynamischen Komplexität widmen, indem wir verschiedene Perspektiven und Theorien kurz vorstellen, die die Wirkungsweise solcher Zusammenhänge erforschen.

## Kybernetik oder organisches Weltverständnis?

Wie gehen wir gegenwärtig mit dem um, was Komplexität bedeutet? Welche Fragen stehen im Raum, und wer kann sie möglicherweise beantworten?

Der ursprünglich wissenschaftliche Ansatz, der sich mit komplexen Strukturen und Prozessen beschäftigt, stammt aus der Kybernetik und wurde von Norbert Wiener in den 1940er Jahren begründet. „Kybernetik" ist abgeleitet von dem griechischen Wort für „Steuermann" und beschreibt das Ziel dieser Forschungsrichtung, nämlich die Steuerung und Regelung bzw. die zielgerichtete Beeinflussung von Systemen zu untersuchen und zu verbessern.

Sie ist grundsätzlich auf beliebige Systeme anwendbar und untersucht Gesetzmäßigkeiten von Steuerungs- und Regelungsvorgängen sowie informationsverarbeitenden Prozessen in Natur und Technik, um diese dann zur Weiterentwicklung technischer bzw. zur Verbesserung natürlicher Systeme einzusetzen.

Dieser Ansatz einer Definition ist mittlerweile für verschiedenste Bereiche und Anwendungen komplexer Vorgänge modifiziert worden. Von der Anthropologie bis hin zur Management-Beratung wird der Begriff der Kybernetik genutzt und für den jeweiligen Kontext angepasst. Immer aber geht es um die Erkennung und Auswertung von Formen, Mustern und Strukturen, die sich in wiederkehrenden Prozessen ausmachen lassen, um sie für andere Bereiche zu nutzen. Auch die Forschungen zur sogenannten Bionik (auch: Biomimikry, Biomimetik, Biomimese) fallen in diesen Bereich. Diese beschäftigt sich mit der Analyse und Beobachtung der belebten Natur, um deren Prinzipien für technische Innovation zu nutzen. Die Bionik bezeichnet dabei aber ein systematisches Lernen von der Natur, nimmt also eine Perspektive ein, die von der reinen Naturinspiration – die in den Geisteswissenschaften als Quelle schöpferischer Entwicklung genutzt wird – weit entfernt ist.

Und genau darin wird deutlich, dass es in solchen Denkmodellen wie der Kybernetik oder Bionik trotz der Forderung nach einem Paradigmenwechsel bei den grundsätzlichen Kriterien eines naturwissenschaftlichen Denkens bleibt. Die Übertragung biologischer Prozesse auf Gebilde des menschlichen Geistes oder Bewusstseins ist an dieser Stelle ebenso fragwürdig wie die Erörterung des freien Willens von Seiten der Neurowissenschaften.

Die schöpferische und irrationale Intelligenz des Menschen, das Individuelle und Kontextbezogene, das dem menschlichen Handeln zugrunde liegt, ist in der Natur so nicht anzutreffen, und damit lässt sich höchstens eine Analogie zwischen dem Bau eines Ameisenhaufens und den Strukturen eines Konzerns ziehen, die aber nicht als Gleichsetzung missverstanden werden darf. Für technische Neuerungen sind die Bezüge zu Naturphänomenen eine immense Bereicherung – die Beobachtung des Vogelflugs für die Luftfahrt, die Berechnung des $c_W$-Wertes für Automobile anhand der Anatomie eines Kofferfischs etc. –, für die Orientierung im geistigen Leben eignen sie sich nicht.

Als eine Art Gegenmodell gibt es aber auch Denkansätze, die den Steuerungssystemen und Strukturhilfen eines technisch-kybernetischen Ansatzes ganzheitliche und sinnbezogene Weltanschauungen entgegensetzen, um diese für komplexe wirtschaftliche oder gesellschaftliche Fragestellungen zu nutzen. Hier ist die Natur weniger durch gesetzmäßige Wirkungsweisen Vorbild für das kollektive Miteinander, sondern beschreibt eine Inspiration bzw. einen schöpferischen Impuls, den Kant mit dem Begriff des „Erhabenen" bezeichnete und so schon den „bestirnten Himmel" ins Verhältnis zu einer besonderen Form der menschlichen Moral setzte. Die Natur ist dementsprechend kein technischer Baumeister, sondern ein Sinnzusammenhang, der der Welt des Menschen übergeordnet ist und ihr gleichzeitig einen Rahmen gibt. Auch wirtschaftlich erfolgreiche Unternehmer wie Götz Werner, der Begründer der Drogeriekette „dm", oder der Geschäftsführer des Alnatura-Konzerns, Dr.Götz Rehn, setzen auf eine besondere Form der Sinn- und Wertorientierung in ihren Unternehmen. Der Umgang mit komplexen Prozessen wird nicht durch wissenschaftliche Forschungsergebnisse oder die Steuerung von technischen Regelsystemen, sondern durch eine eigene Weltanschauung, eine persönliche Überzeugung und ein klares Werteverständnis geprägt. Beide genannten Unternehmer beziehen sich auf die anthroposophische Lehre Rudolf Steiners und legen damit eine Art geistiges Fundament, an dem sich auch komplexe (soziale) Prozesse innerhalb der Konzernstrukturen ausrichten. In Entscheidungssituationen oder Strategieprozessen wird nicht jede zur Verfügung stehende Möglichkeit geprüft, sondern nur die, die sich mit dem Menschenbild und dem Wirtschaftsverständnis des Unternehmens selbst in Einklang bringen lässt – das reduziert schon im Ansatz die zur Verfügung stehenden Handlungsszenarien und schafft Klarheit und Transparenz. Worin der wesentliche Unterschied zu einem rein faktenbezogenen Denken liegt, auch im ganz persönlichen Umgang mit Komplexität, werden wir bei der Frage der möglichen Reduktion von Komplexität wieder aufnehmen.

Zunächst wollen wir der Frage nachgehen, wie sich der Umgang mit Komplexität gerade im Rahmen von Gruppenprozessen und innerhalb von Organisationen erleichtern lässt.

## Wie gelingt der Umgang mit Komplexität?

Das Wirtschaftsmagazin brand eins hat in einem Schwerpunktheft zum Thema „Komplexität" (Nr. 1/2006) folgenden „Leitfaden zur Vermeidung von Komplexität" vorgeschlagen:

1. Machen Sie keine Geschäfte.
2. Reduzieren Sie Ihre Erledigungen auf null.
3. Gehen Sie nicht aus dem Haus.
4. Telefonieren Sie nicht.
5. Sprechen Sie mit niemandem.
6. Bleiben Sie im Bett.
7. Schließen Sie die Augen.
8. Hören Sie auf zu atmen.

Auf sehr schöne Weise zeigt sich hier, dass wir uns gar nicht das Ziel setzen sollten, Komplexität zu vermeiden – wir würden das ganze Leben verpassen –, sondern den Umgang mit komplexen Prozessen zu lernen, die uns jeden Tag umgeben. Auch das führt zu dem eigentlich Ziel: sich nicht von den Umständen, den äußeren Bedingungen gesteuert zu fühlen, sondern selbst Gestalter der eigenen Situation zu sein. In hochkomplexen Situationen ist es von entscheidender Bedeutung, das Wissen um die Abläufe innerhalb des Gesamtzusammenhangs beständig weiterzuentwickeln und auf dem aktuellen Stand des Geschehens zu sein. Diese Anforderung ist grundlegend und trifft auf den Umgang mit jedem komplexen Gebilde zu.

Peter Kruse beschreibt in diesem Zusammenhang fünf Vorgehensweisen, mit denen wir üblicherweise auf komplexe Fragestellungen reagieren: Im ersten Schritt versuchen wir, die verschiedenen Möglichkeiten durch Ausprobieren in den Blick zu nehmen, dies entspricht dem kindlichen Lernprinzip von Trial & Error, führt aber in den meisten Fällen nicht zum Ziel. Als zweiten (sehr beliebten) Schritt nennt Kruse schlicht das Verdrängen oder Ausblenden der notwendigen Maßnahmen und das Verbleiben im alten Muster. Auch hier ist eine Lösung des Problems eher unwahrscheinlich. Weiter führt der dritte Schritt, der das Problem durch das Sammeln von Informationen und Fakten in den Griff bekommen will. Detailwissen und rationales Verstehen stehen hier im Vordergrund. Dies ist vielversprechender als die ersten beide Vorgehensweisen, allerdings verändert sich die Faktenlage meist zu schnell bzw. die Detailkomplexität ist so hoch, dass wir gar nicht in der Lage sind, alle Details zu sammeln, geschweige denn zu verstehen. Das beginnt schon beim Kauf eines Fernsehers. Gerade in einem solchen Beispiel greift oft der vierte Schritt, nämlich das Vereinfachen des Zusammenhangs und die Konzentration auf wenige Fakten: Was kostet der Fernseher, von welchem Hersteller stammt er, wie groß ist er? Dieses Vorgehen führt zwar zu einem Ergebnis, es ist aber eher eine Vereinfachung der Situation im Sinne einer Trivialisierung, und Kruse weist mit Recht darauf hin, dass dieser Vorgang Komplexität nicht reduziert, sondern verdrängt oder zerstört, auch wenn die Entscheidung leichter zu sein scheint. Am Ende steht der fünfte Schritt: Das emotionale Bewerten oder intuitive Agieren, im Sinne einer Kombination aus Erfahrungswissen und der Fähigkeit zur Abstraktion. Allein dies verspricht im Hinblick auf die Reduktion von Komplexität Erfolg, wird aber in den seltensten Fällen ernsthaft angewendet.

Gerade Organisationen und Unternehmen reagieren häufig auf die meist eher gefühlte Komplexität mit einer eindimensionalen Erhöhung der Regelsysteme. Dazu kommen Entscheidungsstrukturen, die den Geschäftsführer als „Kopf" des Unternehmens zum alleinigen Entscheider machen. Aber der „einsame Wolf" ist sicher nicht mehr das passende Bild für den Global Player der Gegenwart. Denn gerade in diesem Zusammenhang spielen emotionale Faktoren, das kulturelle Verständnis andere Länder und die dort herrschenden Denkweisen eine zentrale Rolle, will man sich überhaupt einen Überblick verschaffen.

Es braucht den Zugang zu vernetzten Strukturen, die partnerschaftlich und transparent arbeiten, um die Komplexität der Fragestellung überhaupt erkennen zu können. Aber um die Weiterentwicklung von Ideen oder möglichen Antworten voranzutreiben, sind wiederum eine klare Aufgabenverteilung, Hierarchien und Kontrollmechanismen erforderlich. Gerade in einem Geflecht von Menschen, einem Unternehmen, aber auch einer Schulklasse oder einer Familie ist es im Verlauf eines solchen Prozesses notwendig, klare Abstimmungen und Maßgaben zu kommunizieren. Um diesen Spagat zu bewältigen, bedarf es einer klaren Haltung innerhalb der steuernden Instanzen, also der Führungspersönlichkeiten, der Trainer, Lehrer oder Eltern.

## Schwarm oder Kollektiv: Zwei unterschiedliche Formen von Intelligenz

Eine solche Klarheit ist jedoch nicht faktenzentriert, sondern auf dem Bewusstsein aufgebaut, dass es im Umgang mit Komplexität nicht um Objektivität oder Autorität geht, sondern um Authentizität und den Zugang zu einer kollektiven Intelligenz, die in einem konkreten Kontext das meint, was wir bereits anhand des Prinzips eines komplementären Pluralismus erörtert haben. Die kollektive Intelligenz einer Organisation ist in der Lage, die Ergebnisse verschiedenster Kompetenzen und Fähigkeiten zu bündeln, um auf einer höheren Ebene an der Lösung von Problemen zu arbeiten. Dies ist etwas anderes als beispielsweise die mit dem Begriff der „Schwarmintelligenz" (bei Bienen oder Ameisen) bezeichnete Ordnung, die einzelne, verhältnismäßig unintelligente Wesen bilden, wenn sie sich zu einer Gemeinschaft zusammenschließen. Auch das ist uns im menschlichen Kontext durchaus nicht fremd, bietet aber ganz sicher kaum Antworten auf die Frage nach der Reduktion von Komplexität, sondern allenfalls einen Ansatz, um den Ablauf komplizierter Prozesse zu vereinfachen.

Im Gegensatz dazu beschreibt die Kollektivintelligenz das, was entsteht, wenn sich individuelle Intelligenzen im besten Sinne vernetzen und zu einer höheren Form von Intelligenz zusammenschließen. Daraus entsteht kein Schwarm, also keine homogene Einheit, sondern eher so etwas wie ein Mosaik verschiedener Kompetenzen, die in einem Miteinander andere, höhere Aufgaben lösen können als der Einzelne. Dies geschieht jedoch nicht im Sinne einer starren Maschine oder eines Uhrwerks, sondern auf der Basis von dynamisch agierenden Individuen, die sich in Relation zueinander verhalten – also aufeinander Bezug nehmen – und den Zwischenraum nutzen, der durch ihre Beziehungen untereinander entsteht. Aber auch hier ist es innerhalb eines Systems notwendig, zwischen diesen relationalen Bezügen, die nicht hierarchisch angeordnet sind, und notwendigen Hierarchien wechseln zu können, um nicht in einer Flut der Möglichkeiten handlungsunfähig zu werden. Die wesentliche Aufgabe des steuernden Systems – also der führenden Instanz – ist es, durch Beobachtung den Unterschied zwischen Komplexität und überflüssigen komplizierten Prozessen auszumachen, die dem Kernprozess im Weg stehen. Dabei ist z. B. entscheidend, ob es um eine Form der Detailkomplexität geht, wie beispielsweise in technischen Systemen, oder um dynamische oder gar soziale Zusammenhänge, die sich meist nur durch eine Erhöhung der Eigenkomplexität des steuernden Systems besser unter Kontrolle bringen lassen.

## Neugier als moralisches Prinzip: Lernen als Lebensform

In all den skizzierten Fällen geht es im Kern darum, einen Lernkreislauf in Gang zu setzen, der die Flexibilität aller Beteiligten durch vermehrtes Wissen erhöht, damit für die mögliche Vernetzung und Gestaltung von kollektiver Intelligenz sorgt und die Notwendigkeit einer statischen Steuerung von außen überflüssig macht. Einfacher formuliert: Im besten

Fall sind die Beteiligten von sich aus neugierig genug, um Fragen zu stellen, Informationen zu sammeln und Antworten zu suchen. Darin begegnen wir der eingangs formulierten Grundvoraussetzung, dass der Umgang mit Komplexität immer ein Wissen um die Zusammenhänge voraussetzt, also ein stetiges Dazulernen bedeutet.

Eine Schwierigkeit beim Lernen ergibt sich aber immer dann, wenn die durchgeführten Handlungen nicht sofort wirken, sondern erst mit einer notwendigen Zeitverzögerung. Lernen braucht Zeit, ist also immer ein langfristiger Ansatz, der als Investition in die Zukunft gesehen und parallel zu möglicherweise kurzfristigen Strategien greifen muss. Dieses Nebeneinander wird jedoch weitaus seltener praktiziert, als unser gesunder Menschenverstand annehmen möchte. Wenn es kurzfristige Scheinlösungen gibt, warum dann noch in so etwas Langwieriges wie Lernprozesse investieren?

Ein solcher Lernkreislauf bzw. das aktive Lernen, das neu erworbene Erfahrungen auf der Basis tragfähiger Kompetenzen umsetzt, ist der einzige Weg, hochkomplexe Situationen auf der Basis unsicheren Wissens zu erschließen. Die Idee der „lernenden Organisation" ist ein Konzept aus der Organisationsentwicklung, die sich diesem Gedanken verpflichtet hat und ihn auf Gruppenprozesse überträgt. Eine lernende Organisation ist offen und von Individualität geprägt, sie erlaubt und fördert die innovative Lösung von Problemen. Dadurch erhöht sich die kollektive Intelligenz in sozialen Strukturen, und überflüssige bzw. komplizierte Strukturen hebeln sich selbst aus. Es werden Mechanismen zur Selbststeuerung entwickelt und aktiv eingesetzt, einfach weil sie die einzigen sind, die langfristige Erfolge versprechen. Auch wenn klar ist, dass dieses Ideal selbst durch die wenig rationalen menschlichen Handlungsweisen angreifbar wird, gilt es zunächst einmal, diesen Gedanken überhaupt anzunehmen.

Um im Umgang mit Komplexität ernsthaft handlungsfähig zu sein bzw. zu werden, müssen wir unser Denken in einfachen Ursache-Wirkung-Zusammenhängen durch ein (relationales) Denken in Kreisläufen ersetzen, das vernetzte und zeitverzögerte Zusammenhänge mit einbezieht – nichts anderes meint organisches Denken.

Mit dieser Einsicht ist etwas gewonnen, das philosophisch auf die Tradition des sokratischen Philosophierens zurückgeht: das Hinterfragen des Bestehenden, um den eigenen Horizont im Dialog zu erweitern und die stetige Bereitschaft an den eigenen geistigen Grundfesten zu rütteln, um dazuzulernen. Die Philosophie hat es seit jeher mit dem Phänomen der Komplexität zu tun. Der sokratische Wunsch, dem Wesen des menschlichen Miteinanders auf die Spur zu kommen, und die Einsicht, dass dies immer nur eine Form der Annäherung an ein nie zu erreichendes Ganzes sein kann, ist das zentrale Merkmal für den gesamten Umgang mit Komplexität in unserer Welt. In der Philosophie ist Komplexität demnach weniger ein zu bearbeitender Zustand, sondern der selbstverständliche Ausgangspunkt dafür, die eigenen Fragen zu entwickeln. Und ebendiese Fragen stellen eine wertvolle Bereicherung für den genannten, eher technisch-systematischen Umgang mit Komplexität dar, der oft genug den Schein erweckt, es gehe allein um ein zu erlernendes Handwerk, das ermöglicht, komplexe Strukturen zu beherrschen.

Wir stehen also inmitten von Zusammenhängen und komplexen Systemen. Das ist alles andere als neu, aber die Anzahl der nicht zu verwirklichenden Möglichkeiten hat sich erhöht. Damit wird die Ineffektivität eines rein mechanistischen Denkens immer deutlicher: Eine organische Perspektive, die sich weniger im biologischen als im philosophischen Verständnis einen Blick für die Komplexität werdender Prozesse erarbeitet, umgeht die Nöte und Zwänge eines mechanistischen Denkansatzes, weil sie andere Zielsetzungen verfolgt und bereits von der Unabgeschlossenheit der vorgefundenen Welt ausgeht. Unbenommen bleibt, dass es gerade in all dieser Offenheit so etwas wie klare Strukturen gibt und geben muss, die zunächst komplexe Zusammenhänge bilden, sich aber in einem gesellschaftlichen Miteinander zu eigenen Systemen verfestigen, die über die Zeit Bestand haben können. Erst dann kann so ein Gebilde wie Gesellschaft überhaupt im besten Sinne funktionieren und gestalten.

Wie sich Systeme in einem organischen Verständnis denken lassen, was systematisches bzw. systemisches Denken ausmacht und welche Hilfe insbesondere Letzteres für den Umgang mit Komplexität bedeutet, wird Gegenstand der folgenden Kapitel sein.

# 5 Wer oder was ist das System?

Es ist gleich tödlich für den Geist,
ein System zu haben, und keins
zu haben. Er wird sich wohl entschließen
müssen, beides zu verbinden.

Friedrich Schlegel

**Bisher haben wir uns dem Phänomen der Komplexität** hauptsächlich über den Begriff des Zusammenhangs oder den Verlauf von Prozessen genähert – also über relationale Gebilde, die sich in stetiger Veränderung befinden und durch zeitliche oder inhaltliche Abhängigkeiten als zusammengehörig wahrgenommen werden. Im besten Fall werden diese Verbindungen durch einen Sinn gehalten, der den Zusammenhang stiftet, und weniger durch einen Zweck, auf den diese Verbindungen kurzfristig ausgerichtet sind. In beiden Fällen ist der Rahmen dieser komplexen Phänomene eher lose und nicht systematisch festgelegt.

Allerdings werden aus losen Zusammenhängen gern und häufig auch feste Gebilde, die sich einen Rahmen schaffen und damit von außen anders wahrgenommen werden können: Es bilden sich Systeme. Im folgenden Kapitel wollen wir uns dem Systembegriff zuwenden und weiter der Frage nachgehen, wie aus dem Zusammenspiel von Prozessen überhaupt ein systematisches Gebilde werden kann.

## Woran erkennen wir ein System?

Der Begriff des Systems scheint selbstverständlich, jeder benutzt ihn, oft ist das System an allem schuld, oder es gilt, das System zu verändern. Aber was genau ein System zu einem System macht, bzw. welches System eigentlich gemeint ist, ist vielfach nicht klar, gerade dann, wenn so kryptische Begriffe wie Systemrelevanz gefunden werden müssen, um die Rettung einzelner Bankinstitute durch staatlichen Einsatz zu rechtfertigen. Was also zeichnet ein System aus?

Der Begriff ist griechischen Ursprungs und von *sýstema* abgeleitet, was so viel heißt wie „das Gebilde, Zusammengestellte, Verbundene". Gemeint ist eine Gesamtheit von Elementen, die aufeinander bezogen sind und miteinander im Austausch stehen, so dass sie als eine aufgaben-, sinn- oder zweckgebundene Einheit angesehen werden können, die sich von ihrer Umwelt unterscheiden bzw. abgrenzen lässt. Eine Familie bildet beispielsweise ein eigenes System, das sich von den Mitmenschen abgrenzt; aber auch ein Schachspiel, eine Küchenschublade oder ein Unternehmen sind eigene systematische Zusammenhänge. Systeme sind in Strukturen organisiert und nach außen begrenzt, und genau das unterscheidet sie von bloßen Zusammenhängen. Die Struktur bezeichnet die Form der Elemente und seiner Beziehungsgeflechte, durch die ein System entsteht und langfristig Bestand hat. Über diese Strukturen bzw. deren Differenzen zum möglichen Nachbarsystem lässt sich jedes System sowohl erkenn- wie beschreibbar machen. Dies gilt aber nicht nur für abstrakte Strukturen, die sich einer theoretischen Idee oder einer Funktion unterordnen, sondern es gilt ebenso für gewachsene Strukturen, die weniger rationalen Regeln als schöpferischen Prinzipien folgen – wir denken an die Küchenschubladen oder die Strukturen in Unternehmen. Dazu zusammenfassend noch einmal ein Wort Wilhelm Diltheys, der in seiner Arbeit mit und über die Geisteswissenschaften von Systemen ausgeht, die sich in lebendigen Weltanschauungen – also einem System mit organischer Struktur – wiederfinden: „[...] ein System ist eine Art von lebendigem Wesen, ein Organismus, vom Herzblut des Philosophen genährt, lebensfähig hierdurch, kämpfend mit anderen."

In dieser Ansicht findet sich eine ganzheitliche Perspektive, die in Bezug auf das so häufig als staubtrocken verurteilte Denken der Philosophie gerade nicht den klassifizierenden und bewertenden Aspekt eines systematischen Denkens hervorhebt, sondern den Zusammenhang verschiedener Teile betont, die in Bezug zueinander stehen – den denkenden Philosophen eingeschlossen.

Eine solche Sichtweise bezieht die Zusammenhänge unter einander nahestehenden Systemen ein, wenn es beispielsweise um familiäre Zusammenhänge auch über Generationen hinweg geht oder um verfestigte Problemstellungen innerhalb von Unternehmen, die durch den gegenwärtigen Status nicht erklärbar sind. Hier werden wieder zeitliche Aspekte innerhalb interagierender Systeme wirksam, die in sozialen Systemen eine große Rolle spielen. Meist wird dann aber von systemischen und weniger von systematischen Zusammenhängen gesprochen, eine Unterscheidung, die im ersten Fall den eher organischen Charakter eines Systems beschreibt, während mit „systematisch" eine logisch nachvollziehbare Struktur gemeint ist.

Wenn wir heute von Systemen oder einer notwendigen Systematik sprechen, ist fast immer ein Denken in oder über voneinander separierte Systeme gemeint. Der Zusammenhang systemischer Prozesse innerhalb bestehender Systeme ist im Gegensatz dazu weitaus weniger selbstverständlich. Dazu wollen wir zunächst in groben Ansätzen die Kernthesen der Systemtheorie darlegen, um anschließend zu klären, wie ein organisches System zu denken wäre.

## Die Systemtheorie

Die Systemtheorie ist ein wissenschaftliches Erkenntnismodell, das Systeme verschiedenster Art zur Beschreibung und Erklärung unterschiedlich komplexer Phänomene heranzieht. Dabei werden die Strukturen und Funktionen innerhalb der Systeme analysiert, um kontextübergreifend Vorhersagen über das Systemverhalten oder über Entwicklungen zu ermöglichen. Meist wird der Begriff der Systemtheorie in seiner soziologischen Ausprägung (insbesondere durch die Arbeiten Niklas Luhmanns) verwendet, aber sein eigentlicher Anwendungsbereich geht deutlich weiter und wird von der Biologie über die Ethnologie, die Informatik wie die Geographie bis zur Literaturwissenschaft und Pädagogik genutzt. Damit ist die Systemtheorie keine eigenständige Disziplin, sondern so etwas wie ein Rahmen für einen interdisziplinären *Diskurs*, der allein durch den Begriff des Systems zusammengehalten wird.

Im Folgenden soll es allerdings – in Anlehnung an Luhmann – hauptsächlich um die Rolle sozialer Systeme gehen (wir erinnern uns an die besondere Form der sozialen Komplexität) und die Frage, woran sich ein solches System erkennen lässt.

## Wann ist ein System sozial?

> Der Zweck der Beziehung ist ihr eigenes
> Wesen, das ist: die Berührung des Du.
> Denn durch die Berührung jedes Du
> rührt ein Hauch des ewigen Lebens an.
>
> Martin Buber

Soziale Systeme zeichnen sich dadurch aus, dass sie von einer Gruppe von Menschen gebildet werden, einer Familie, einer Firma oder einem Verein, die einen ähnlichen Lebensstil pflegen, den gleichen Beruf ausüben oder die gleichen Interessen haben. Diese Einzelsysteme gehören wiederum gesellschaftlichen Systemen an, wie der Wirtschaft, dem Bildungssystem etc. Es handelt sich im Kleinen wie im Großen um dynamische, sich stetig verändernde Gebilde, die sich dennoch klar von einer sie umgebenden Umwelt und damit von anderen Systemen abgrenzen.

Das Interessante daran ist, dass diese Grenzen nicht von außen – schon gar nicht von einer wissenschaftlichen Theorie – gezogen oder bestimmt werden, sondern durch das System immanent gesetzt sind. Allein das Verhalten und die Handlungen der Menschen, die das System bilden, bestimmen den Rahmen. Seine Grenzen lassen sich verschieben und verändern, aber nur dadurch, dass die ursprünglichen Grenzen den jeweiligen Mitwirkenden bewusst sind und damit auch bewusst und aktiv verschoben werden können. Dies geschieht über die Auseinandersetzung mit und den stetigen Bezug zu der Umwelt, die sich aus anderen Systemen zusammensetzt. Entsprechend ist der Begriff des Sozialen an dieser Stelle auch mit keinerlei Wertung verbunden. Es geht nicht um soziale Gerechtigkeit oder ein anständiges Miteinander, sondern allein um die Tatsache, dass sich auf der Basis von Beziehungen und Interaktionen Systeme entwickeln, die aus dem Tätigwerden von Menschen in einem Kollektiv entstehen. Alle Systeme werden über die Grenzen, die Differenz zu ihrer jeweiligen Umwelt – den angrenzenden Systemen – wahrgenommen und verbleiben damit in einer Abhängigkeit zu dieser Umwelt. Sie spielt eine wichtige Rolle, wenn es um die Einordnung oder Bewertung von Systemen für die Gemeinschaft geht. Denn trotz dieser Differenz bzw. dieser Grenzen sind soziale Systeme offen und in ihrer permanenten Veränderung auf das Andere jenseits der eigenen Grenzen angewiesen, um das eigene System aufrechterhalten zu können. Damit bilden sie so etwas wie Inseln innerhalb der sich stetig wandelnden komplexen Welt, die aber keine statischen Grenzen entwickeln, sondern sich ebenfalls in ihrem eigenen Tempo und abhängig von der Andersartigkeit der angrenzenden Systeme verändern. Diese Veränderung greift auf das Potenzial des jeweiligen Systems zurück und unterliegt systemimmanent den Prinzipien der Kontingenz, die wir bereits erörtert haben. Die Differenz, die an den Systemgrenzen zu der jeweiligen Umwelt entsteht, ist dabei jedoch weniger im komplementären Sinne zu verstehen, sondern als eine Abgrenzung zu etwas, das absolut anders und deshalb einem anderen System zuzuordnen ist. Die Bereicherung durch dieses Andere liegt also nicht in der Ergänzung oder Vervollständigung, sondern in der klaren Differenzierung zwischen dem, was zum eigenen System und dem, was nicht dazugehört. Dazu lohnt sich ein Blick auf den Begriff des Anderen, wie er in der Philosophie verstanden wird.

## Offene und geschlossene Systeme: Ein Plädoyer für das Andere

Der Begriff des Anderen ist in der Philosophie sehr weit gefasst und lässt sich hier nicht in aller Ausführlichkeit darstellen. Dennoch lohnt sich ein Blick auf seine Verwendung insbesondere in der phänomenologischen Auslegung des 20. Jahrhunderts. In diesem Zusammenhang beschreibt das oder der Andere im Kern ein Gegenüber des Eigenen, das sich nicht überwinden lässt, das Eigene aber im positiven Sinne ergänzt, ohne dabei etwas Gemeinsames zu bilden (so wie es im Sinne der Komplementarität gedacht ist). Das Andere bleibt immer ein absolut anderes und ist dadurch eine wichtige Bereicherung für das Eigene, weil es selbst nur in der Abgrenzung zu ebendiesem Anderen sichtbar werden kann. Der französische Philosoph Emmanuel Levinas beschreibt dies wie folgt: „Der Andere affiziert uns nicht als jemand, den es zu überwinden, einzunehmen, zu beherrschen gilt – sondern als Anderer, der von uns unabhängig ist: Hinter jeder Beziehung, die wir mit ihm unterhalten könnten, taucht er immer wieder als absoluter auf."

Gerade dadurch macht er uns als Individuum klar, wer wir selbst sind bzw. nicht sind. Dasselbe gilt gleichermaßen für kollektive Zusammenhänge und einzelne Systeme des täglichen Lebens. Levinas hält die philosophische Beschäftigung mit dem reinen, kontextunabhängigen Sein – das, was in der Philosophie als Ontologie beschrieben wird – für unmöglich, „weil das Verstehen des Seins überhaupt nicht die Beziehung zum Anderen zu beherrschen vermag. Ich kann mich aus der Gemeinschaft mit dem Anderen nicht losreißen, selbst wenn ich das Sein des Seienden betrachte, das er ist."

So wie eine systemtheoretische Betrachtung nicht wirksam werden kann, wenn sie versucht, das System an sich in den Blick zu nehmen, ohne sich um seinen Kontext und seine Grenzen zu kümmern, ruft Levinas die Philosophie dazu auf, aus dem eigenen System herauszuschauen und die Beziehung über die Grenzen hinaus zu ihrem Thema zu machen. Er geht sogar noch einen Schritt weiter und sieht in dieser Neuausrichtung – also einer Umkehrung der Gedankenarbeit ganz im

Sinne Bergsons – die zentrale Aufgabe der Philosophie, wenn er die Beziehung mit dem Anderen, dem Gesprächspartner, als „die äußerste Beziehung im Sein" bewertet. Anders als eine traditionelle Philosophie, die sich abgekoppelt von den alltäglichen Fragen des Lebens mit übergeordneten Fragen beschäftigen will, sieht diese praktische Perspektive der Philosophie im Sinne eines Aufbruchs im Denken gerade die Beschäftigung mit dem Einzelnen, dem Lebendigen, Konkreten, Unfertigen vor. Das Ziel eines solchen Denkens in und mit der Andersartigkeit von Systemen liegt in der Anerkennung des Anderen zum einen um seiner selbst willen – also der grundsätzlich positiven Bewertung von Unterschiedlichkeit –, aber eben auch in dem Bewusstsein, dass ich das Eigene nicht erkennen kann, wenn ich es nicht wahrhaben will. Ein tatsächlich systemisches Denken widmet sich dem eigenen System immer im Austausch mit anderen Systemen, es nimmt die Abhängigkeit als eine Bereicherung wahr, die sich nutzen lässt, um zu anderen Einsichten, Ergebnissen, Lösungen für die eigenen Fragen zu kommen. Wie sich dies in konkreten Situationen darstellt, wird nachfolgend anhand verschiedener Beispiele in den Systemen Wirtschaft, Bildung und Medizin erörtert.

Wenn wir aber den und das Andere auf die dargestellte Art ernst nehmen, wie gelangen wir dann zu einem gemeinsamen Handeln? Worauf gilt es gerade in wirtschaftlichen oder sozialen Kontexten zu achten? Um diesen Fragen nachzugehen, werden wir noch einmal auf die Luhmann'sche Perspektive zurückkommen und die Frage, welche Rolle das Vertrauen in diesem Zusammenhang spielt – ein Begriff, den Luhmann als die Methode beschreibt, die am besten geeignet ist, Komplexität zu reduzieren. Damit sind weniger Vertrauenspakete großer Automobilkonzerne gemeint, es geht auch nicht um das Wiederherstellen von Vertrauen, das Angela Merkel gebetsmühlenartig in den Mittelpunkt ihres Krisenmanagements gestellt hat, sondern um das Vertrauen als soziales Medium, das jeder von uns mehr oder weniger nutzt, um Entscheidungen zu treffen. Niklas Luhmann hat das Vertrauen unabhängig von Finanz- und Wirtschaftskrisen schon 1968 als einen „Mechanismus" zur Reduktion von sozialer Komplexität beschrieben – als eine

Methode, sich in komplexen Systemen besser bewegen zu können. Was aber hat er damit gemeint?

## Systeme reduzieren Komplexität: Die zentrale Rolle von Vertrauen und Kommunikation

Luhmann begreift Gesellschaft als ein Phänomen, das allein durch Kommunikation gestiftet wird. Es bildet durch den inneren kommunikativen Austausch ein eigenes System aus, das dort endet, wo Kommunikation aufhört. Dabei meint Kommunikation nicht allein den sprachlichen Diskurs, sondern den interaktiven Austausch über soziale Medien. Und zu diesen Medien zählt Luhmann auch Qualitäten wie Vertrauen und Liebe.

Er definiert Vertrauen im weitesten Sinne als das „Zutrauen zu den eigenen Erwartungen": „Der Mensch hat zwar in vielen Situationen die Wahl, ob er in bestimmten Hinsichten Vertrauen schenken will oder nicht. Ohne jegliches Vertrauen aber könnte er morgens sein Bett nicht verlassen. Unbestimmte Angst, lähmendes Entsetzen befielen ihn. Nicht einmal ein bestimmtes Misstrauen könnte er formulieren und zur Grundlage defensiver Vorkehrungen machen; denn das würde voraussetzen, dass er in anderer Hinsicht vertraut. Alles wäre möglich. Solch eine unvermittelte Konfrontierung mit der äußersten Komplexität der Welt hält kein Mensch aus."

Luhmann geht also von der ordnenden Funktion aus, die das menschliche Vertrauen zur ersten und wichtigsten Grundlage des Handelns macht. Das Vertrauen in die eigenen Erwartungen und Möglichkeiten bestimmt demnach auch die Selektion, die der Einzelne aus den Unmengen ebendieser Möglichkeiten trifft.

Vertrauen bestimmt das eigene Verhalten immer dann, wenn es in eine Art „riskanter Vorleistung" geht. Der Handelnde geht zwar davon aus, dass der Nutzen im Falle des erfüllten Vertrauens größer ist als der Schaden, den er durch den Missbrauch des Vertrauens erführe, er kann es aber nicht wissen und ist sich dessen genau bewusst. Dabei ist diesem Handeln wesentlich, dass es ein Bewusstsein über die eigene vertrauensvolle Haltung gibt und diese auch kommuniziert wird. So lässt sich Vertrauen vom reinen Prinzip Hoffnung oder einem naiven positiven Denken unterscheiden, denen eben dieses Bewusstsein bzw. das reflexive Denken über die eigenen Grundlagen fehlt.

## Die großen drei: Hoffnung, Vertrauen und Optimismus

Auch Luhmann geht auf den Unterschied von Vertrauen und Hoffnung ein und beschreibt Ersteres als eine Reflexion von Kontingenz – also der Offenheit der gegebenen Möglichkeiten –, die der Hoffnung abgeht:

„Der Vertrauende macht sich mithin an der Möglichkeit übergroßen Schadens die Selektivität des Handelns der anderen bewusst und stellt sich ihr. Der Hoffende fasst trotz Unsicherheit einfach Zuversicht. Vertrauen reflektiert Kontingenz, Hoffnung eliminiert Kontingenz."

Die wirkungsvolle Parole eines „Yes, we can" schürt also zunächst Hoffnungen, ohne dass sie konkret darauf eingeht, was auf welche Weise gekonnt werden soll. Es geht zunächst um das Gefühl, sich um die zur Verfügung stehenden Möglichkeiten überhaupt kümmern zu wollen. Der Philosoph Ernst Bloch hat die Notwendigkeit des „Prinzips Hoffnung" Mitte der 60er Jahre zum Thema seines gleichnamigen Werks gemacht und das, was die Hoffnung bestimmt, an folgende Fragen geknüpft: „Wer sind wir? Wo kommen wir her? Wohin gehen wir? Was erwarten wir? Was erwartet uns? Viele fühlen sich nur als verwirrt, der Boden wankt, sie wissen nicht warum und von was. Dieser ihr Zustand ist Angst, wird er bestimmter, so ist er Furcht. Einmal zog einer aus, das Fürchten zu lernen. Das gelang in der eben vergangenen Zeit leichter und näher, diese Kunst ward entsetzlich beherrscht. Doch nun wird, die Urheber der Furcht abgerechnet, ein uns gemäßeres Gefühl fällig. Es kommt darauf an, das Hoffen zu lernen. Seine Arbeit entsagt nicht, sie ist ins Gelingen verliebt statt ins Scheitern."

Diese Grundhaltung, diese Zuwendung zur Möglichkeit des Gelingens durch das Hoffen, ist gerade in Zeiten sogenannter Krisen notwendig, um überhaupt vertrauensvoll handeln zu können. Das geschieht aber erst, wenn Vorleistungen erbracht worden sind, auf denen das Vertrauen aufbauen kann.

Schon der Ursprung einer grundsätzlich vertrauensvollen Haltung zur Welt als einem mehr oder weniger sinnvollen Zusammenhang basiert auf einer Vorleistung: nämlich dem Verhalten der eigenen Eltern, das das Zutrauen in die eigenen Erwartungen erfüllt oder enttäuscht hat. Sofern wir uns auf das Verhalten unserer Eltern in Bezug auf die eigene Sicherheit verlassen konnten, wir uns beschützt und geborgen fühlten, haben wir gute Chancen, ein grundlegendes Gefühl des Vertrauens auf unseren Lebensweg mitzunehmen, das unsere grundsätzliche Einstellung zu komplexen Situationen und Systemen prägt.

Aus diesem Gefühl heraus entsteht die elementare Funktion, die Luhmann dem Vertrauen zuspricht: Es reduziert Komplexität, indem es unausgesprochen davon ausgeht, dass die vorgefundenen Zusammenhänge sinnvoll und ihrem Zweck gemäß sind. Gehe ich misstrauisch auf die Welt zu, ist der Informationsbedarf, den ich als Handlungsgrundlage benötige, um einiges höher, als wenn ich einen vertrauensvollen Umgang mit dem pflege, was mir begegnet. Gemeint ist damit aber in keinem Fall ein blindes Vertrauen in jedweden Lauf der Dinge, sondern eines, das sich selbst und die in Aussicht stehenden Möglichkeiten prüft und in die eigenen Handlungsspielräume einbezieht. Es ist nicht darauf angewiesen, Kontingenz als Unsicherheitsfaktor auszublenden, sondern kann sich dem widmen, was möglicherweise eintritt, auch wenn es paradoxerweise nicht immer möglich ist, diese Möglichkeiten vorauszusehen.

Und genau das ist mit dem letzten Begriff der „großen drei" gemeint: ein Optimismus, der die Welt um sich herum als die „beste aller möglichen Welten" annimmt. Diese auf die Philosophie Leibniz' zurückgehende Idee  meint nicht, dass es keine bessere Welt geben kann, sondern sagt schlicht, dass uns einfach keine bessere zur Verfügung steht. Eine optimistische Haltung arbeitet auf der Basis einer realistischen und vertrauensvollen Einsicht in die Zusammenhänge, die sie vorfindet. Optimistisch zu sein bedeutet, sich einen Überblick über die zur Verfügung stehenden Möglichkeiten zu verschaffen, eine klare Entscheidung darüber zu treffen, welche davon in welcher Reihenfolge verwirklicht werden sollen, um sich mit der immer wieder beschriebenen Mischung aus festen Strukturen und der notwendigen Offenheit für Veränderungen an die Umsetzung der eigenen Ideen zu machen. Diese Haltung beschreibt Karl Jaspers als „moderne Tapferkeit", die sich traut, im „versuchenden Leben" fortzufahren, auch wenn sie „keine Gewissheit" garantieren kann; „nicht das Ergebnis verlangen, sondern das Scheitern wagen, – das Ja zum Leben vollziehen, als werde in der Tiefe eine Hilfe sich zeigen, welche jedenfalls das bedeutet, dass das gut Gewollte nicht nichts sei, dass es am Ende einströme in das Sein." Optimismus entfaltet sich im Umgang mit den Dingen, den Fragen, den Konflikten – er ist nicht auf konkrete Ergebnisse festgelegt, aber genau das ist die nicht leichte Herausforderung einer optimistischen Haltung. Mit den Worten des EU-Chefdiplomaten Javier Solana ist es „harte Arbeit", Optimist zu sein.

Was aber bedeutet eine solche Haltung für die einzelnen gesellschaftlichen Systeme, in denen täglich Entscheidungen getroffen, Strategien entwickelt oder Reformen auf den Weg gebracht werden müssen? Worin liegt die Schlüsselrolle eines vertrauensvollen Handelns, einer optimistischen Weltsicht oder eines anderen Denkens, das mutig genug ist, sich in einem relationalen Raum der Möglichkeiten aufzuhalten? Und wie lässt sich das eine vom anderen unterscheiden?

Nachdem wir erforscht haben, was ein System ausmacht und wie sich durch systemimmanente Strukturen die Abgrenzung von innen nach außen und durch eine vertrauensvolle Haltung der Umgang mit Komplexität erleichtern lässt, steht die Praxis im Mittelpunkt. Wie lassen sich diese Gedanken für bestehende gesellschaftliche Systeme nutzen? Anhand so grundsätzlicher gesellschaftlicher Bereiche wie der Wirtschaft, der Bildung, der Medizin und dem neuen Feld des virtuellen Web 2.0 werden sich die folgenden Kapitel mit der Untersuchung bestehender Denkstrukturen und möglicher Alternativen beschäftigen.

Daran soll exemplarisch deutlich werden, dass ein Aufbruch im Denken nicht nur ein weltfremder Entwurf oder eine hübsche Idee ist, sondern an bestehende Strukturen anknüpfen kann, um durch neue Perspektiven Handlungsspielräume zu eröffnen, die jenseits der ausgetretenen Pfade liegen.

# 6 Gesellschaftliche Systeme in der Praxis

Das Alte sagt: So wie ich bin, bin ich seit je.

Das Neue sagt: Bist du nicht gut, dann geh.

Bertolt Brecht

**Ein anderes Denken** kann und darf sich nicht auf theoretische Entwürfe beschränken, das ist bereits mehr als deutlich geworden. Es muss sich selbst als einen ersten Schritt ins Handeln verstehen und die menschliche Erfahrung als seinen „Ankergrund", wie Dilthey es formuliert hat, ernst nehmen. Es stellt sich also die Frage, wie sich die bisher formulierten Gedanken wiederfinden, verknüpfen oder aufnehmen lassen, wenn wir den Blick auf ganz konkrete Fragestellungen der Gegenwart richten. Was hat die „Umkehr der gewohnten Richtung" unserer Gedanken für einen Wert, wenn es um die Fragen nach der Herrschaft des Geldes in der Wirtschaft geht? Wie kann das Verständnis geisteswissenschaftlicher Zusammenhänge eine Bereicherung darstellen, wenn es um die Konzeption neuer Schulmodelle oder Bildungsreformen geht? Wie hilft uns die Überwindung eines Denkens im „Entweder-oder", wenn wir neue Perspektiven für das Gesundheitssystem oder unseren Umgang mit Krankheit entwickeln wollen?

Diesen und ähnlichen Fragen wollen wir uns in den folgenden Kapiteln nähern und eine Idee dafür entwickeln, wie entscheidend das zugrunde liegende Denken für die entstehenden Handlungsspielräume ist – tagtäglich und ganz konkret.

## Die Wirtschaft: Von der Herrschaft des Geldes

Unser heutiges Verständnis einer autonomen Wirtschaftsmacht, die sich durch Wachstum und solide Standortvorteile im globalen Wettbewerb auszeichnet, scheint selbstverständlich und ist doch alles andere als das. Im Gegensatz zum lebendigen Prozess, den das Wirtschaften in der Antike zur Erhaltung des täglichen Lebens dargestellte, empfinden sich die Schlüsselfiguren der gegenwärtigen Wirtschaftsordnung als unantastbare Lenker und stellen ihr Tun nur ungern in den Kontext oder gar Dienst anderer gesellschaftlicher Systeme – eine Haltung, die durch den Zusammenbruch der (Finanz)Märkte und der sich daran anschließenden Ignoranz in Bankerkreisen mehr als deutlich zum Ausdruck gekommen ist. Es soll hier nicht um das Bewerten dieser Entwicklung oder einen historischen Überblick über die Veränderung ökonomischer Zusammenhänge gehen, sondern darum, was diese Vorstellung eines erfolgreichen Wirtschaftens nährt – bis zum Einbruch der Finanzkrise ganz selbstverständlich und trotz der aufgeworfenen Fragen wieder aufs Neue in scheinbarer Ermangelung alternativer Denkmodelle.

Der Kern der modernen, westlichen Wirtschaft ist nach wie vor das Geld und die maximale Erwirtschaftung von Profit, darin liegt der Motor einer kapitalistischen Wirtschaftsordnung. Interessanterweise nutzen wir aber in der Beschreibung dieses Systems die Begriffe Geld und Kapital häufig synonym – und vergessen dabei, dass es gerade für erfolgreiche Unternehmen um weit mehr und anderes Kapital geht als das bloße Geld.

Das mag nach einer moralischen Binsenweisheit klingen, dennoch ist es lohnenswert, den Folgen dieser Gleichsetzung nachzugehen: Unter der Herrschaft der Kapitalmärkte hat sich ein Wirtschaftssystem etabliert, das aus dem Ruder gelaufen ist, weil es sich zu einseitig am Geld orientiert und die eigenen Grenzen eben nicht mehr im Sinne Luhmanns durch das bewusste Handeln der Systemteilnehmer verschieben kann. Getrieben von der Gier weniger und der Hilflosigkeit oder Gleichgültigkeit vieler, hat das System Wirtschaft die eigenen Möglichkeiten überdehnt und sich selbst zu Fall gebracht. Ähnlich einem Hochleistungssportler, der sich ausschließlich auf die Erfolg versprechenden Muskelgruppen zu konzentrieren versucht, müssen auch Unternehmen und Konzerne einsehen, dass es nicht im Sinne eines langfristigen Erfolgs sein kann, wenn neben den Bilanzen jede Form von menschlichem Miteinander außer Acht gelassen wird. Trotz dieser Einsicht sind tatsächliche Alternativen oder ein ernsthaftes Umdenken bis jetzt nicht in Sicht – ganz im Gegenteil.

Woran liegt das? Zunächst einmal an der nach wie vor traditionellen Überzeugung, dass es in der Wirtschaft hauptsächlich darum gehen muss, Geld zu verdienen – nicht mehr und nicht weniger. Der soziale Faktor bzw. die wirtschaftliche Verantwortung für unsere Umwelt ebenso wie für die Gesellschaft, auf die sie ja selbst angewiesen ist, stellt leider nach wie vor eher ein Thema der PR-Abteilungen dar und wird häufig nur zur Imagepflege aufgegriffen, sofern das Budget es zulässt. Nun könnten wir gerade im Sinne der Voraussetzungslosigkeit jedem Unternehmer das Recht einräumen, seine Werte selbst zu wählen, solange er damit niemandem schadet (offen bleibt aber dabei die Frage, ob dies überhaupt möglich ist).

Aber selbst wenn sich Unternehmen offen und ehrlich zu reiner Gewinnmaximierung bekennen, bleibt die Frage, welche Bedeutung Geld wirtschaftlich wie gesellschaftlich für uns hat, und genau darin liegt in vielen Fällen die Schwierigkeit. Geld ist eben weit mehr als das nüchterne Material, das den Kapitalismus am Laufen hält, und an diesem Punkt setzen mögliche philosophische Überlegungen an.

Schon Georg Simmel hat in seiner „Philosophie des Geldes" darauf verwiesen, dass das Geld zu einem „Generalnenner" aller Werte geworden sei, der weit mehr gesellschaftliche als wirtschaftliche Bedeutung gewonnen habe. Das Geld steht mittlerweile für Werte, die nichts mit dem reinen Broterwerb zu tun haben und eben nicht nur dazu da sind, die eigene Zukunft abzusichern. Wir verbinden mittlerweile unterschiedlichste Dinge miteinander, die außer einer gewissen monetären Wertigkeit nichts miteinander zu tun haben – wie kann man z. B. menschliche Leistungen ins Verhältnis setzen, und was hat ein Liter Milch mit zwei Packungen Fußballbildern zu tun? Der Wert einer Sache definiert sich über ihren Preis, eine willkürlichen Setzung, die wir nur noch selten hinterfragen und die durch das seltsame Verhältnis von Angebot und Nachfrage geregelt wird.

Es erscheint uns selbstverständlich, dass das Einkommen über gesellschaftliches Ansehen entscheidet, der Erfolg eines Unternehmens an seinem finanziellen Gewinn gemessen wird oder der Preis eines Produktes etwas über seine Qualität aussagt. Mit anderen Worten, wir verlieren durch das Geld jedes Gespür für den Wert einer Sache, wir können sie erst wertschätzen, wenn sie einen Preis hat: „Was nichts kostet, ist nichts wert" – welch eine zynische Aussage, insbesondere wenn es um soziale oder menschliche Werte des gesellschaftlichen Miteinanders geht, die sich ja meist nicht aufrechnen lassen.

Welche Alternativen aber gibt es, um Wirtschaftlichkeit nach anderen Kategorien zu messen als den finanziellen und den Wert der Arbeit anzuerkennen, der unabhängig von Quartalsberichten das eigentliche Kapital jeden Unternehmens ausmacht?

## Die Frage nach dem Sinn in der Wirtschaft

> Marke ist praktische Philosophie:
> Sie stellt die Sinnfrage nicht zum Zwecke
> des Erfolgs: sie stellt sie aus Verantwortung.
>
> Götz Werner

Der Managementberater Manfred Kets de Vries hat jüngst in einem Interview gesagt, die Menschen arbeiteten zwar für Geld, für einen Sinn aber würden sie sterben. Nun liegt das Ziel einer erfolgreichen Wirtschaft ganz sicher nicht in einem „sinnvollen Massensterben"; wenn wir uns aber die Motivation und die Begeisterungsfähigkeit anschauen, die von erfolgreichen Unternehmen bzw. Unternehmern ausgehen, die sich einem Sinn (wir erinnern uns an die weltanschauliche Verankerung von Unternehmensgründern wie Götz Werner oder Götz Rehn) verschrieben haben, dann stellt sich die Frage, was anders ist an diesem wirtschaftlichen Denken.

In erster Linie die recht einfache Einsicht, dass am Anfang einer Unternehmung eine Idee stehen sollte und nicht allein der inhaltsleere Wunsch, Geld zu verdienen. Einer Idee kann ich mich widmen, ohne dass ich permanent darüber nachdenke, wie ich meinen Feierabend, meine Freizeit oder meine ferne Zukunft gestalten will, wenn ich (endlich) genug gearbeitet habe. Eine Idee zu verfolgen stiftet Zusammenhänge und lässt mir damit das eigene Handeln sinnvoll erscheinen. Dadurch wird kann auch die uns so geläufige Trennung zwischen der rein zweckgebundenen Arbeit, mit der wir ja unser Geld verdienen, und dem Leben, für das wir arbeiten (müssen), hinfällig. Wiederum ein sehr zentrales Beispiel für ein dualistisches Denken in „Entweder-oder"-Kategorien, das es zu überwinden gilt.

Das heißt aber gerade nicht, dass ich nun die eigenen Grenzen aus dem Blick verliere und die Arbeit kein Ende findet, sondern das Gegenteil: Ich schaffe mir die Möglichkeiten eines selbst bestimmten Arbeitens, das mir gemäß ist. Die Auszeiten, die zu diesem maßvollen Arbeiten gehören, sind genauso wichtig wie die Pausen in einer Rede – ohne Punkt und Komma zu leben, zu arbeiten oder ein Unternehmen zu führen, ist schnell, aber alles andere als erfolgreich.

Trotz oder gerade aufgrund dieser Einsicht lockt dieses Modell aber ebenso wenig mit einem lässigen Individualismus, sondern erfordert im Gegenteil ein hohes Maß Disziplin und Eigenverantwortung, das häufig in geregelten Angestelltenverhältnissen weder nötig noch gewollt ist. Ein kritisches Hinterfragen und Mitdenken wird in den meisten geordneten Strukturen weniger als Erfolgs-, sondern als ein Störfaktor angesehen, beim Verfolgen einer gemeinschaftlichen Idee aber ist es unentbehrlich.

Georg Simmel hat auch dieses Phänomen bereits in der Lebenswelt der Großstadt um 1900 untersucht. Ein wichtiger Grund für die Be- bzw. Verhinderung selbständigen Denkens und Tuns ist die wachsende Arbeitsteilung, die den Arbeitsprozess seit der Industrialisierung immer stärker bestimmt und in routinemäßige Einzelprozesse unterteilt. Der einzelne Mensch ist nur noch an Fragmenten und Teilen eines Prozesses beteiligt. Um erfolgreich zu fertigen, ist notwendig, dass er die ihm zugeteilten Aufgaben zügig erledigt, ohne ständig nach dem Sinn dessen zu fragen, was er da tut. Hinzu kommt, dass „die Maschine" laut Simmel „so viel geistvoller geworden ist als der Arbeiter", der einzelne Mensch die Maschine also nur noch bedienen kann, ihre Arbeit aber weder ersetzen noch den in die Funktionsweise der Maschine investierten Geist aufbringen könnte. So wächst möglicherweise die Produktion in rasantem Tempo, dem einzelnen Arbeiter aber fehlt zunehmend die Sinnerfahrung, die es bedeutet, ein Produkt fertig zu stellen, einen Prozess vollständig zu durchleben. Dieses Gefühl, nicht nur das Rädchen in einem unverständlichen großen Ganzen zu sein, sondern tatsächlich etwas beizutragen, ist gemeint, wenn wir von der wachsenden Sehnsucht nach einer sinnvollen Arbeit sprechen (die dabei aber mehr als nur Spaß machen soll).

Wie aber sollen wir eine solche Erfahrungswelt zurückholen, die in Zeiten immer stärkerer Technisierung fast verloren zu sein scheint? Dieser Schritt kann gelingen, ohne dass wir die Entwicklung rückwärts laufen lassen und die Fortschritte der Industrialisierung verurteilen müssen.

Was wir dafür im Zeitalter der Informations- und Wissensgesellschaft stärker in den Blick nehmen müssen, ist die Frage nach dem persönlichen Sinn, den ich meinem eigenen Arbeiten, aber auch der Arbeit meines Unternehmens zuschreibe. Wofür steht das, was ich tue, unabhängig davon, dass es meine monatliche Miete sichert? Welche Überzeugungen tragen das, was ich täglich acht Stunden oder länger ausübe? Habe ich darauf eine Antwort und wenn nicht, warum? Diese Fragen muss sich jeder Einzelne selbst beantworten, aber auch für Kollektive und Unternehmen sind sie von zentraler Bedeutung. Wenn ein Sinn, eine klare Überzeugung die Ausrichtung unternehmerischer Entscheidungen bestimmt, richten sich auch andere scheinbar feststehende ökonomische Kategorien neu aus: Was z.B. bedeutet dann Wachstum für ein Unternehmen? Eine hochaktuelle Frage, die derzeit vielfach auf Grundlage der Unterscheidung eines qualitativen Wachstums von einem quantitativen Wachstum diskutiert wird. Dieser gedanklichen Verschiebung wollen wir im Folgenden exemplarisch nachgehen.

## Das Maximum ist nicht immer das Optimum

Jeder Student der Betriebswirtschaftslehre lernt bzw. stellt nur selten in Frage, dass das Erreichen des (finanziellen) Maximums auch gleichzeitig das (wirtschaftliche) Optimum ist. Das ist mathematisch möglicherweise richtig, wirtschaftlich aber völliger Unsinn. Wenn wir uns organische Prozesse einmal anschauen – und dazu gehört die Wirtschaft nach allem, was wir bisher gehört haben auch –, dann gibt es einen bestimmten Wachstumsgrad, an dem ein einzelner Organismus sein Optimum erreicht hat, um langfristig stabil und sinnvoll zu agieren. Welche Sonnenblume käme auf die Idee, in den Himmel zu wachsen, welches Tier würde seine eigene Existenzgrundlage ausrotten, nur um möglichst viele Höhlen zu bauen? Es wäre fatal anzunehmen, dass die Gabe eines geistigen Bewusstseins, die uns von Pflanze und Tier unterscheidet, nur dazu gut sein sollte, unsere eigene Existenzgrundlage zu zerstören. Leider spricht derzeit aber einiges dafür, denn wir arbeiten nach wie vor in allen möglichen Bereichen daran, das – schon lange erreichte – Optimum zu verschieben. Wenn wir uns die Landwirtschaft ansehen, erreichen wir diese Verschiebung dadurch, dass wir uns selbst in die Tasche lügen: Der Ertrag in Zahlen wird zwar maximiert, die Lebensdauer der Kühe aber sinkt. Dieses Verhalten ist sogar im Sinne eines traditionellen wirtschaftlichen Denkens wenig sinnvoll. Das Einzige, was dadurch erreicht wird, ist der kurzfristige finanzielle Erfolg weniger Einzelpersonen und die Verkehrung von Werten, die auch nach außen hin absurd anmutet. Wir schütten Milch auf die Straße, während der Kuhmist teuer bezahlt zur Energiegewinnung genutzt wird, wir schicken Nordseekrabben per Laster Richtung Marokko zum Pulen, um sie dann wieder an der deutschen Küste zu verkaufen, und wir essen selbst im Winter chilenische Äpfel, die um die halbe Welt gereist sind.

Diese Entwicklungen sind Ausdruck des ausschließlichen Festhaltens an einem ewigen „Mehr", das nicht nach dem „Wie" fragt, sondern wachsende Umsätze und Gewinne sehen will. So langsam aber erkennen wir, dass dieses „Mehr" langfristig nicht taugen kann, es braucht auch einen wirtschaftlichen Aufbruch im Denken, der an die Stelle der Quantität eine neue Qualität setzt: gerade in Sachen des eigenen Wachstums. Es ist nicht nur wichtig, dass, sondern insbesondere wie wir wachsen.

Wenn eine Sonnenblume groß genug geworden ist, beginnt sie, sich um ihre Blüte zu kümmern, wenn Menschen und Gesellschaften erwachsen sind, sollte es um einen Reifeprozess gehen und nicht um das Ansammeln von Kram und den Konsum als erste Bürgerpflicht. Damit steht die Frage nach dem Sinn nicht als letzter, sondern als erster Punkt auf der unternehmerischen Agenda. Wenn ich mich in meinem Tun von einem ursprünglichen Sinnzusammenhang leiten lasse, dann entsteht ein möglicherweise völlig anderer Weg zu einem ganz individuellen Optimum, als wenn ich die Unternehmensstrategie an geschönten Quartalsberichten ausrichten muss, die standardmäßig das Maximum mit dem Optimum verwechseln.

## Sinnstiftung in Unternehmen

Was aber können wir tun, um einer anderen Qualität, einem Sinn auf die Spur zu kommen und eine solche Haltung auch noch in so widerspenstige Bereiche zu tragen, wie es Wirtschaftsunternehmen offenbar sind? Dafür sollen im Folgenden drei Möglichkeiten angeführt werden, die den nötigen Raum für die Entdeckung bzw. Stiftung von Sinn innerhalb von Unternehmen öffnen.

1. Es gibt die einfache Möglichkeit, einen realen Raum einzurichten, einen Ort (und einen entsprechenden Zeit-Raum) zu bestimmen, der in einem Unternehmen der Sinnfindung dient. Alles, was es hier zu besprechen gibt, ist allein darauf ausgerichtet, den Kern, die Idee des eigenen Unternehmens auszumachen und ihn regelmäßig auf seine Tragfähigkeit zu untersuchen. Diese Frage lässt sich an jeden einzelnen Mitarbeiter richten. Es gibt sowohl technische Möglichkeiten, dies in Form von Internetforen oder eigenen Portalen zu realisieren, wie auch

Methoden für Großgruppenprozesse wie Open-Space-Konferenzen, um solche Prozesse anzustoßen.

Es sind aber auch rein zeitliche Einheiten vorstellbar, die in Form eines Jour fixe regelmäßig dafür sorgen, Zwischenräume zu eröffnen – zwischen dem täglichen Geschäft –, um sich unter den Mitarbeitern zu verständigen, was zur Sinnfindung und Sinnerhaltung geschehen kann. Dabei ist dringend erforderlich, dass diesen Terminen ebensoviel Gewicht und Anerkennung zukommt wie Kundenterminen oder Teammeetings. Vor allem die Führungspersönlichkeiten müssen in diesem Punkt mit gutem Beispiel vorangehen.

2. Da gerade in geschlossenen Systemen, wie es Unternehmen meist sind, oft der Blick von außen oder ein neuer Blick von innen fehlt (ähnlich der Perspektive eines archimedischen Punktes), liegt eine weitere Möglichkeit darin, außenstehende Menschen zeitweise an der Besprechung von Unternehmensthemen zu beteiligen, die völlig unverstellt auf Fragestellungen reagieren können oder die wesentlichen Fragen vielleicht zum ersten Mal stellen. Wir erinnern uns an das vernetzte Denken, das durch die Verbindung von Einzelkompetenzen zu einer kollektiven Intelligenz finden kann. Es gibt Beispiele von Unternehmensberatern, die mit Musikwissenschaftlern zusammenarbeiten, um Themen wie Gestimmtheit, Resonanz oder Dissonanz als zentrale Führungsthemen von einer völlig anderen Warte aus anzugehen.
3. Um für eine solche Fragekultur die notwendigen Voraussetzungen zu schaffen, ist es schließlich wichtig, sich nicht nur über zeitliche und tatsächliche Räume oder neue Perspektiven klar zu werden, sondern auch eigene Methoden für die nötige Umsetzung zu entwickeln. Der Konzern „dm" nutzt dafür das Prinzip der „dialogischen Führung" und baut neben dem Vertrauen auf das Zutrauen in die Fähigkeiten der einzelnen Mitarbeiter, die weniger in klassischen Weiterbildungsmaßnahmen geschult werden, sondern in Theaterworkshops oder Kulturprojekten gestärkt und entfaltet werden sollen. Wichtig ist dabei der partnerschaftliche Umgang und die Eigenverantwortung, die die einzelnen Mitarbeiter übertragen bekommen, die damit tatsächlich

eine Anerkennung ihrer persönlichen Qualitäten erleben. Weitere Beispiele für einen sinnorientierten Ansatz in Unternehmen sind das erfahrungsbasierte „Action learning“, das beispielsweise in Großunternehmen wie Bahlsen genutzt wird, um im Umgang mit Menschen Erfahrungen zu sammeln und Ideen umzusetzen. Ein Beispiel für einen theoretischen Ansatz, wie sich Unternehmenskultur auf andere Weise gestalten lässt, bietet die sogenannte Soziokratie, ein aus Holland stammendes Konzept, das sich mittlerweile auch in Deutschland zu verbreiten beginnt. Hier geht es im Kern darum, starre Hierarchien zu vermeiden, um mögliche Lösungen für sich selbst sprechen zu lassen – unabhängig von der Position dessen, der sie hervorbringt. Der Vorstand hat in einem solchen Fall die gleichen Möglichkeiten wie der Sachbearbeiter, was oftmals zu überraschenden Perspektivwechseln führt, Hierin kann ein enormer Wettbewerbsvorteil von kleinen und mittelständischen Unternehmen liegen, die einen solchen Prozess viel leichter initiieren können als unbewegliche Großkonzerne.

Wichtig für einen Aufbruch im Denken ist es, an diesem Punkt zu erkennen, dass es solche Erfolgsbeispiele im Wirtschaftskontext bereits gibt, auch wenn sie aus ihrer Rolle als Randphänomen oft noch herausfinden müssen.

## Die Bildung: Wissen allein macht nicht glücklich

Ganz ähnliche Entwicklungen, die nicht nur am Rande diskutiert werden, gibt es in einem weiteren gesellschaftlichen Bereich, der derzeit ebenfalls Gegenstand vielfältiger Reformversuche ist. Auch hier geht es um den Mut zu einem tatsächlich anderen Denken geht, die Frage nach dem eigenen Menschenbild und das, was wir diesem Menschen eigentlich zutrauen. Die Rede ist von der momentan viel diskutierten Bildung, die den breitgefächerten Gedanken von Entwicklung und Lebendigkeit in einen zielgerichteten Prozess zu integrieren versucht. Die Bandbreite der vertretenen Positionen ist vielfältig und reicht von konkreten Reformen und Modellen, die die Grundschule von vier auf sechs

Jahre ausdehnen sollen, das Gymnasium von 13 auf 12 Jahren verkürzen und die Universitäten in „Berufsakademien" verwandeln, bis hin zu den grundsätzlichen Fragen der Lehrerausbildung. Darüber hinaus stehen auch Fragen zur Vereinbarkeit von Familie und Beruf auf dem Plan und gleichzeitig Unmengen von sich zum Teil heftig widersprechenden Entwürfen. Kitaplätze sollen beitragsfrei werden, Betriebskindergärten und Frauenquoten werden eingefordert, gleichzeitig zahlt die Regierung aber bald dafür, dass man seine Kinder in den ersten drei Jahren zu Hause erzieht.

Es wird also viel getan und probiert, seltener aber wird darüber nachgedacht, was (Aus-)Bildung eigentlich ausmacht, ob sich ein so wesentlicher Aspekt in so etwas wie PISA-Studien überhaupt messen lässt und wie es unseren Kindern bzw. ihren Eltern geht, wenn sie von Neuerung zu Neuerung taumeln und allzu gern das Neue mit dem Besseren verwechseln. Der Bielefelder Reformpädagoge Hartmut von Hentig kritisierte schon vor einigen Jahren, dass es nicht um die schnelle Adaption eines Schulsystems gehen könne, das im europäischen Vergleich besser abgeschnitten habe, auch inhaltsleeren Fördermaßnahmen würden nicht helfen: „Die deutschen Kultusminister haben nach der Veröffentlichung von PISA verlautet: Es gelte, die Studie ‚ernst zu nehmen'. Sie haben dies selber nicht getan, denn zum Ernstnehmen gehört, dass man sich der Leerformeln enthält. (Alle Sätze, die hier mit ‚fördern' und ‚verbessern' enden und mit ‚intensiver Nutzung', ‚verstärkter Anstrengung', ‚gezielten Programmen' prunken und nicht sagen, wie das geschehen solle, sind leer!) Auch die Absicht, ‚die Erkenntnisse von PISA zügig umsetzen' zu wollen, ist verräterisch. Welche Erkenntnisse denn?"

Gerade diese letzte Frage sollte zu denken geben: Was haben wir wirklich erkannt? Und was lässt sich auf diesem Weg eigentlich erkennen? Worum geht es in den vielfältigen Versuchen, unsere Kinder in einen globalen Bildungswettbewerb zu schicken? Um eine ernsthafte Ausbildung oder um unsere Angst vor einer möglicherweise nicht mehr ganz so sicheren Zukunft?

Es soll an dieser Stelle kein weiteres Konzept vorgestellt oder eine wieder nur scheinbar richtige Antwort zum Besten gegeben werden, denn auch hier geht es erst einmal darum, auf das zu Bedenkende zu verweisen, bevor überall die Ärmel hochgekrempelt werden und vieles am Ende in einem hektischen Aktionismus stecken bleibt, der der Sache selbst wenig dienlich ist.

Dabei spielen gerade die Fragen sozialer Bildung eine Rolle, die sich nicht durch Schulformen oder Kultusministerien beantworten lassen. Fragen, zu denen wir selbst Stellung beziehen müssen, wenn es um die Zukunft unserer Kinder geht. Das sind manchmal sehr kleine Reformen, die im Denken beginnen und auch ohne Gesetzesentwürfe in jeder Familie, jeder Schule oder Betreuungseinrichtung umgesetzt werden können. Dazu werden wir noch kommen, wenn es um die Frage geht, was Erziehung eigentlich leisten sollte.

Zunächst wollen wir herausfinden, was Wissen und Bildung unterscheidet und warum wir so wenig Vertrauen (!) in das haben, was sich auch oder gerade ohne das kontrollierte Anhäufen von Wissen in unseren Kindern bildet.

## Bildung ist viel mehr als Wissen

Bildung im Sinne des ursprünglichen Wortsinns ist ein Entstehungs- und Gestaltungsprozess, in dem sich etwas (heraus)bildet. Es ist kein Apparat aus Zahnrädern und Baukästen, in denen Kinder – oder Erwachsene – klaren Anweisungen folgen, um an Ende als gebildete Menschen wieder herauszukommen.

Wir erinnern uns an das Lernen als einen Kreislauf, in den sowohl die eigenen Erfahrungen wie auch die lernende Persönlichkeit selbst eingebunden werden. Das, was Kinder von sich aus mitbringen, ist entscheidend für den Prozess, den sie im Rahmen ihrer eigenen (Aus-)Bildung durchlaufen – und das gilt schon für die ersten Schritte, die jedes Kind auf seine ganz eigene Weise gehen lernt.

Dabei helfen selbstverständlich klare Angebote, feste Stundenpläne, Impulse und Förderprogramme, ja sie sind sogar notwendig, aber nur eine Seite der Voraussetzungen. Die andere Seite entzieht sich dem Wunsch nach kontrollierbarer Gleichartigkeit durch die Individualität, die jeden von uns auszeichnet. Georg Simmel hat die Einzigartigkeit als das allgemeinste Merkmal des Menschen herausgestellt, und genau diese Einsicht sollte den Kern unserer Bildungsarbeit ausmachen. Sich auf Strukturen und Rahmenbedingungen zu einigen, in denen sich eine solche Einzigartigkeit entfalten kann, stellt damit erst den zweiten Schritt dar – auch hier dreht sich also die derzeitige Richtung der Gedankenarbeit um.

Viele Vertreter der Pädagogik haben sich dieses Gedankens angenommen, schon Johann Wolfgang von Goethe forderte mit dem Begriff der „pädagogischen Provinz" in „Wilhelm Meisters Wanderjahren" einen Ort ein, in dem sich der Mensch eigenständig – und vom gesellschaftlichen Leben unbeeinträchtigt – entfalten kann. Hermann Hesse hat in seinem Werk „Das Glasperlenspiel" diesen Begriff aufgenommen und die Provinz als eigentlichen Ort der Bildung hervorgehoben.

Um dieser Idee weiter auf den Grund zu gehen, soll es im Folgenden exemplarisch um einen dieser Verfechter der pädagogischen Grundidee gehen, dass der Mensch (und damit auch das Kind) gut sei und vieles von dem, was es zu einem guten Leben braucht, bereits qua Geburt mitbringe. Gemeint ist der französische Philosoph Jean-Jacques Rousseau, der seinen „Gesellschaftsvertrag" auf ebendiesem Grundgedanken aufbaut, wobei das Gute im Menschen dabei stärker die Befähigung für ein gelungenes Leben als das moralisch Gute meint. Auch das ist ein Gedanke, den es sich in der gegenwärtigen Diskussion einmal zu verfolgen lohnt, wenn es um die Frage von Schlüsselqualifikationen oder das Verhalten von Jungen und Mädchen auf dem Schulhof geht.

Rousseaus Erziehungsroman „Emile", der 1762 veröffentlicht wurde, beschreibt gewissermaßen die notwendige Vorarbeit, um den Menschen so zu erziehen, dass er in der Lage ist, einen Gesellschaftsvertrag abzuschließen, der auf einem gemeinsamen (guten) Willen beruht. Auch wenn Rousseau selbst nicht mit gutem Beispiel voran gegangen ist und seine eigenen Kinder in ein Findelhaus gegeben hat, so enthalten seine Schriften doch erhellende Gedanken für diejenigen, die bereit sind, sie nicht nur geistig, sondern auch im wirklichen Leben nachzuvollziehen. Die Kernprinzipien des „Emile" sollen im nächsten Kapitel vorgestellt werden, um daran anschließend zu zeigen, wie ein Schulmodell der Gegenwart – die Bielefelder Laborschule mit ihrem Begründer

Hartmut von Hentig – sich dieser Prinzipien annimmt und sie in die heutige Zeit übersetzt.

## Die Prinzipien der Erziehung bei Jean Jacques Rousseau

> Viele Kinder haben schwer erziehbare Eltern.
>
> Jean Jacques Rousseau

„Emile" ist ein frühes Plädoyer dafür, dass Bildung nicht nur – bzw. eben gerade nicht – als die Vermittlung von Wissen verstanden werden sollte, sondern als eine Möglichkeit zur Entfaltung der eigenen Persönlichkeit von Kindesbeinen an. Ähnlich der Erkenntnis, dass der moderne Mensch im Sinne Nietzsches sehr schwer an seinen „rumpelnden Wissenssteinen" trägt, ist es auch für Rousseau zentral, zunächst unbelastete Freiräume für das Kind zu schaffen. Erst darin kann es sich selbst entdecken lernen, um im Anschluss daran sorgsam mit dem Wissen versorgt zu werden, das es in einer zivilisierten Gesellschaft bestehen lässt. Diese Reihenfolge ist heutzutage gern verdreht und überlädt das Kind von klein auf mit Wissen und Inhalten in der Hoffnung, dass viel auch viel hilft und jedes Kind auf die gleiche oder zumindest ähnliche Weise zu lernen in der Lage ist. Die Zeit, um das eigene Kind wirklich kennenzulernen und darauf ausgerichtet Wissen anzubieten, scheint heute kaum noch jemand zu haben oder aufbringen zu wollen. Denn dies ist ein völlig anderer Ansatz, als den eigenen Nachwuchs schon im Kindergartenalter von Termin zu Termin zu kutschieren, um ihn zu fördern. Diese Unterscheidung ist aber gerade für eine komplexe Welt ohne festen moralischen und weltanschaulichen Rahmen umso wichtiger, und deshalb wollen wir die Gedanken Rousseaus im Folgenden etwas ausführlicher darstellen.

Rousseau beschreibt in seinem „Emile" sieben Prinzipien der Erziehung, die an das jeweilige Alter des Kindes angepasst sind und immer die Selbständigkeit bzw. die Freiheit des Lernenden zum Ziel haben. Dabei geht es nicht um eine grenzenlose Freiheit, sondern um einen bewusst gewählte. Der Erzieher hat die Kernaufgabe, den Rahmen bzw.

die Situation zu gestalten, in der das Kind sich frei bewegen kann – eine Aufgabe, die mit Frontalunterricht und einer Fehlerkultur im Dreiviertelstundenrhythmus nicht in Einklang zu bringen ist.

Die beste Methode, das Kind lernen zu lassen, ist nach Rousseau die selbst gemachte Erfahrung – also das Lernen an den Dingen selbst und nicht am Willen des Lehrers oder der Eltern. Dass dies nicht zu jeder Zeit umsetzbar ist, versteht sich, aber allein dieser Blickwinkel verändert die gesamte Richtung eines Lernprozesses, weil er sich von der Vorstellung verabschiedet, der Erwachsene sei derjenige, der durch seine gemachten Erfahrungen in der Lage sei, dem Kind das „Richtige" beizubringen. Um sich diesem Ideal aber zumindest annähern zu können, sind die von Rousseau formulierten Prinzipien wegweisend und sollen hier in der Interpretation Hartmut von Hentigs wiedergegeben werden.

Das elementare erste Prinzip beschreibt den „Eigenwert der Kindheit". Rousseau will die Kindheit nicht als einen ersten Schritt zum Erwachsenwerden verstanden wissen, sondern als eine Phase mit ganz eigenen Bedürfnissen, Verhaltensweisen und Eigenarten, die es wert sind „studiert zu werden", wie es im zweiten Prinzip bereits heißt. Allein aus der Beobachtung von Kindern lerne man, wie man erziehen müsse. Rousseau richtet den Vorwurf an die Erziehungslehre, dass sie die Kindheit selbst gar nicht kenne. Das Studium dieser Phase allein dürfe die Grundlage dafür sein, um aus dem Kind später ein gutes Mitglied der Gesellschaft zu machen.

Wie aber kann dieses Studium im Umgang mit dem Kind selbst aussehen? Dazu formuliert Rousseau das dritte Prinzip, das heute mit dem Schlagwort der negativen Erziehung zusammengefasst wird: Das Ziel liegt darin, zu verhindern, dass etwas geschieht. Das mutet zunächst befremdend an, bedeutet aber nichts anderes, als das Kind von den Zwängen und Zwecken einer von Erwachsenen beherrschten Welt fernzuhalten. Rousseau spricht den Erzieher direkt an: „Erzieher, ich lehre dich eine schwere Kunst: Kinder ohne Vorschriften zu leiten und durch Nichteinwirken alles zu erreichen." Die Idee, man könne durch Erziehung einen bestimmten – den gewünschten – Menschen hervorbringen, ihn gewissermaßen herstellen, wird damit vehement verneint. So sagt Rousseau weiter: „Unsere pedantische Lehrsucht bemüht sich fortwährend, die Kinder das zu lehren, was sie allein viel besser lernen, und übersieht, was allein wir sie lehren können. Gibt es eine größere Torheit als die Mühe, die man aufwendet, ihnen das Gehen beizubringen?"

Auch im vierten Erziehungsprinzip geht es darum, die Kinder durch die eigenen Erfahrungen lernen zu lassen. Hier wird die Natur als die eigentliche Lehrmeisterin bezeichnet, die die Kinder das Leben lehrt, und viel weniger der Mensch, der sich in irgendeiner autoritären Form dazu aufschwingt. Dennoch betont Rousseau, dass die Natur, die Welt der Dinge und der erwachsene Mensch ein Dreigespann bilden, das die Erziehung des Kindes übernimmt und dabei in keinen Widerspruch zueinander geraten sollte.

Hentig fasst dieses Prinzip zusammen: „Rousseau ersetzt Zwang durch Notwendigkeit, Belehrung durch Erfahrung und macht die Wahrhaftigkeit des Erziehers zur Bedingung des Erfolgs." Dies ist die Essenz der Rousseau'schen Idee einer „wohlgeordneten Freiheit".

Diese Form der Freiheit sieht in den verschiedenen Altersstufen des Zöglings unterschiedlich aus – eine sogenannte Stufung legt vier Phasen der Entwicklung jedes Kindes zugrunde: Kindheit (0–3), Knabenalter (bis 12), Vorpubertät (12–15), Pubertät oder Jünglingsalter (bis 20) – und fordert eine altersgemäße Erziehung, die sich von Stufe zu Stufe verändern muss. Die beiden letzten Prinzipien gehen dann den Schritt von der persönlichen Entwicklung des einzelnen Schülers bis zur Integration in die Gemeinschaft.

Das sechste Prinzip bereitet den Zögling auf die Gesellschaft und seine Pflichten als Bürger vor, da jeder Mensch in irgendeine Form von Gemeinschaft hineingeboren wird und nach Rousseau auch nur in einem Miteinander seine wahre Aufgabe finden kann, das mit der Verbindung in der Liebe zu einem Partner und bis zur Unterordnung des eigenen Willens in die gemeinschaftliche Vorherrschaft der „volonté generale" reicht. Dies leitet über zum siebten und letzten Prinzip der „natürlichen Religion", die ebenso wie die politische Ausrichtung des Einzelnen eine selbst gewählte sein soll, die Prinzipien eines gemeinschaftlichen Denkens – die Vernunft und die Gebote der Toleranz – aber nicht verletzen darf.

## Die Bielefelder Laborschule

Auf der Basis dieser Rousseau'schen Erziehungsprinzipien hat Hartmut von Hentig 1970 eine Laborschule im Rahmen der Universität Bielefeld eingerichtet, die sowohl Kindern wie Erziehern ein anderes Verständnis von Bildung nahebringt, um das nivellierende Fordern identischer Leistungen durch ein gezieltes Fördern der jeweiligen Begabungen zu ersetzen. Diese Schule besteht bis heute und gilt nach wie vor als beispielhaft, wenn es um ein Neudenken von Bildungsansätzen geht. Wie eng dabei das Pädagogische mit dem Philosophischen zusammenhängt, zeigt der enge Bezug zu den Schriften Rousseaus oder auch die Arbeiten von Hentigs zur „Einführung in die Philosophie".

Im Folgenden sollen die Grundsätze der Bielefelder Laborschule zeigen, dass es durchaus Möglichkeiten und sehr aktuelle Ansätze gibt, die das Denken in Rastern und Wettbewerbsmodellen im angeblich unvermeidbaren „war for talents" widerlegen und gerade dadurch die Ausbildung von Persönlichkeiten ermöglichen, die sich in einem globalen und komplexen Wettbewerb behaupten können.

### 1. Schule als Lebens- und Erfahrungsraum

Die Laborschule möchte ein Ort sein, wo Kinder und Jugendliche gern leben und lernen. Sie will ihnen wichtige Grunderfahrungen ermöglichen, die viele von ihnen sonst nicht machen könnten. Leben und Lernen sollen, soweit dies machbar und sinnvoll ist, eng aufeinander bezogen sein. Der Unterricht folgt dem Prinzip: Lernen an und aus der Erfahrung (und nicht primär aus Belehrung). Die Schule ist mit Lerngelegenheiten ausgestattet, die solches Erfahrungslernen begünstigen. Darüber hinaus versteht sich die Schule sich als In-die-Stadt-hinein-Schule, die die nähere und weitere Umgebung, die Natur, die Kommune, die Region als Lernmöglichkeiten in ihre Arbeit einbezieht.

**2. Mit Unterschieden leben**

Die Schule will die Unterschiede zwischen den Kindern bewusst bejahen und als Bereicherung verstehen. Daraus ergibt sich eine weitgehende Individualisierung des Unterrichts, die Rücksicht auf das unterschiedliche Lerntempo der Kinder und ihre individuell verschiedenen Bedürfnisse und Fähigkeiten nimmt. LaborschülerInnen leben und lernen gemeinsam in leistungs-, teilweise auch altersheterogenen Gruppen. Die Schule will niemanden aussondern, es gibt auch kein Sitzenbleiben und keine äußere Leistungsdifferenzierung, an deren Stelle die Differenzierung der Angebote tritt.

**3. Schule als Gesellschaft im Kleinen**

Die Schule versteht sich zugleich als Gemeinschaft aller in ihr tätigen Personen, die einander in ihrer Unterschiedlichkeit akzeptieren und achten. Die Verhaltensweisen, die von erwachsenen BürgerInnen unserer Gesellschaft erwartet werden, sollen hier im Alltag gelernt werden: die friedliche und vernünftige Regelung gemeinsamer Angelegenheiten. Solches Lernen geschieht durch Verantwortung und Beteiligung. In dieser Gesellschaft im Kleinen lernen die Einzelnen, für übernommene Aufgaben und zunehmend auch für den eigenen Lernweg verantwortlich einzustehen.

**4. Stufung**

Die Schule ist eine Brücke zwischen dem Leben des kleinen Kindes in der Familie und dem Leben des Erwachsenen in einer sehr komplexen Gesellschaft. Sie ist in sich gestuft, denn der Lernweg soll nicht einem Fließband gleichen, sondern einer Treppe. Viermal müssen die Kinder einen großen Schritt tun, der deutliche Veränderungen und jeweils mehr Verantwortung mit sich bringt.

Zu diesen Grundsätzen kommt ein sokratischer Eid, der für Lehrer und Erzieher gilt und zeigt, dass die Laborschule ein völlig anderes Verhältnis von Lehrer und Schüler, von Kind und Erwachsenem anstrebt als das eines Wissenden, der Informationen an Unwissende weitergibt. Es ist ein wechselseitiges Verhältnis, das eben den Kreislauf in Gang setzt, von dem wir im Zusammenhang mit dem Lernen in komplexen Gesellschaften und Prozessen bereits gehört haben. Dieser – hier wörtlich wiedergegebene – Eid zeigt, dass auch die Übernahme pädagogischer Verantwortung sehr viel mit einem Aufbruch im Denken zu tun hat und eine sehr persönliche Herausforderung darstellt.

**Der Sokratische Eid**

Als Lehrer und Erzieher verpflichte ich mich,

die Eigenart eines jeden Kindes zu achten und gegen jedermann zu verteidigen;
für seine körperliche und seelische Unversehrtheit einzustehen;
auf seine Regungen zu achten, ihm zuzuhören, es ernst zu nehmen;
zu allem, was ich seiner Person antue, seine Zustimmung zu suchen, wie ich es bei einem Erwachsenen täte;
das Gesetz seiner Entwicklung, soweit es erkennbar ist, zum Guten auszulegen und dem Kind zu ermöglichen, dieses Gesetz anzunehmen;
seine Anlagen herauszufordern und zu fördern;
es zu schützen, wo es schwach ist, ihm bei der Überwindung von Angst und Schuld, Bosheit und Lüge, Zweifel und Misstrauen, Wehleidigkeit und Selbstsucht beizustehen, wo es das braucht;
seinen Willen nicht zu brechen – auch nicht, wo er unsinnig erscheint; ihm vielmehr dabei zu helfen, seinen Willen in die Herrschaft seiner Vernunft zu nehmen; es also den mündigen Verstandesgebrauch und die Kunst der Verständigung wie des Verstehens zu lehren;
es bereit zu machen, Verantwortung in der Gemeinschaft und für diese zu übernehmen;
es die Welt erfahren zu lassen, wie sie ist, ohne es der Welt zu unterwerfen, wie sie ist;
es erfahren zu lassen, was und wie das gemeinte gute Leben ist;
ihm eine Vision von der besseren Welt zu geben und Zuversicht, dass sie erreichbar ist;

es Wahrhaftigkeit zu lehren, nicht die Wahrheit, denn „die ist bei Gott allein".

Damit verpflichte ich mich, so gut ich kann, selbst vorzuleben, wie man mit den Schwierigkeiten, den Anfechtungen und Chancen unserer Welt und mit den eigenen begrenzten Gaben, mit der eigenen immer gegebenen Schuld zurechtkommt, nach meinen Kräften dafür zu sorgen, dass die kommende Generation eine Welt vorfindet, in der es sich zu leben lohnt und in der die ererbten Lasten und Schwierigkeiten nicht Ideen, Hoffnungen und Kräfte erdrücken,

meine Überzeugungen und Taten öffentlich zu begründen, mich der Kritik – insbesondere der Betroffenen und Sachkundigen – auszusetzen, meine Urteile gewissenhaft zu prüfen;

mich dann jedoch allen Personen und Verhältnissen zu widersetzen, dem Verbandsinteresse, der Dienstvorschrift, wenn sie meine hier bekundeten Vorsätze behindern.

Ich bekräftige diese Verpflichtung durch die Bereitschaft, mich jederzeit an den in ihr enthaltenen Maßstäben messen zu lassen.

Dieser sokratische Eid beinhaltet vieles von dem, was in den vergangenen Abschnitten angesprochen wurde: der Respekt vor der Unterschiedlichkeit sowohl von Individuen als auch zwischen Kindern und Erwachsenen, der Anspruch an eine Wahrhaftigkeit, die keine Wahrheit sein kann, das Nahebringen von Verantwortung in einer komplexen Welt (dazu werden wir noch kommen) und die persönliche Rolle, die sich als die eines Vorbildes versteht und nicht als eines Wissensvermittlers. Hier geschieht genau das, was Bergson mit einem Richtungswechsel, also der philosophischen Umkehr der eigenen Gedankenarbeit, gemeint hat: ein Aufbruch innerhalb des Denkens, der allein durch den Wechsel der Blickrichtung zu einem Handeln wird.

## Die Medizin: Kampf gegen Symptome oder Heilung der Ursache?

> Ich habe das Register der
> Krankheiten durchgegangen und
> habe die Sorgen und die traurigen
> Vorstellungen darunter nicht
> gefunden, das ist doch falsch.
>
> Georg Christoph Lichtenberg

Daran anknüpfend kommen wir nun zu einem weiteren gesellschaftlichen System, in dem sich ein notwendiger Aufbruch im Denken schon lange abzeichnet. Es geht ebenfalls um das Verhältnis eines Kompetenzträgers zu einem Lernenden oder gar Unwissenden: Das Verhältnis von Arzt und Patient. Unser Gesundheitssystem bzw. die Medizin als wissenschaftliche Disziplin sieht sich derzeit mit einer gesellschaftlichen Neuorientierung konfrontiert, die zum einen politisch und wirtschaftlich motiviert ist, zum anderen aber auch durch neue Bedürfnisse und Krankheitsbilder der Patienten (Depression als Volkskrankheit Nr. 1) entsteht. Was kann ein Aufbruch im Denken in diesem Kontext bedeuten?

Gerade in der Schulmedizin und im traditionellen Gesundheitswesen findet sich ein Denken, das, vielfach in einzelne Fachbereiche unterteilt, ohne Sinn für das Ganze auszukommen versucht. Schon das Medizinstudium zeigt, dass Differenzierung und Spezialisierung im Zentrum der Ausbildung zum Arzt stehen und es weniger um ein ganzheitliches Verstehen von Krankheit und Gesundheit geht. Allerdings stehen sogenannte Komplementärsysteme und alternative Heilmethoden, die sich von der Schulmedizin abgrenzen, derzeit hoch im Kurs, aber auch dort ist ein Dialog beider Sichtweisen eher die Ausnahme, und die Entscheidung, welche Methode oder Schule die angemessene ist, bleibt oft dem Patienten überlassen. Dennoch gibt es Beispiele für die Ergänzung verschiedener Perspektiven, seien es homöopathische Anwendungen in der Krebstherapie oder bei der Geburtshilfe, und darin liegt eine wichtige und notwendige Chance, die aber nach wie vor in vielen Fachdiskursen zunichte geredet wird und von Medizinern, wie es scheint, häufig eher als Bedrohung und weniger als Chance gewertet wird. Wieder stehen wir vor einem dualistischen „Entweder-oder"-Problem, das mit der Frage beginnt, was die Medizin eigentlich unter Gesundheit bzw. Krankheit versteht. Um dieser Frage nachzugehen, wollen wir zunächst auf das Verhältnis von Philosophie und Medizin eingehen, um dann konkrete Denkmodelle vorzustellen, die für ein anderes Denken stehen, gerade wenn wir die Erhaltung von Gesundheit und weniger die Bekämpfung von Krankheiten in den Fokus nehmen.

## Medizin und Philosophie: Der Blick auf den ganzen Menschen

Der Kirchenlehrer Isidor von Sevilla, einer der bedeutendsten Schriftsteller des Frühmittelalters, hat Ende des 6. Jahrhunderts die Medizin als eine „secunda philosophia" bezeichnet, eine Disziplin, in der der Arzt der Moderator des richtigen „Maßes" ist und damit in Zeiten der Gesundheit eine ebenso wichtige Rolle spielt wie denen der Krankheit. Die Erhaltung von Gesundheit zählt genauso zu seinem Aufgabengebiet wie das Heilen von Krankheiten, eine Auffassung, die uns gegenwärtig eher fremd ist. Wir gehen erst zum Arzt, wenn es nicht mehr anders geht, und der Gedanke von Vorsorge- und Prophylaxeuntersuchungen ist meist an die Angst vor einer konkreten Krankheit gebunden.

Die Pathogenese macht die Entstehung und den Verlauf einer Krankheit zum zentralen Gegenstand der Medizin und beschreibt und bekämpft das einzelne Krankheitssymptom (z.B. Kopfschmerzen oder eine Entzündung im Körper). Ihr Vorgehen entspricht dem Gedanken, dass der Körper eher ein funktionierender Mechanismus als ein ganzheitlicher – und damit auch geistiger – Organismus ist. Sofern ein Teil des Apparats ausfällt oder defekt ist, wird der Fehler behoben bzw. das Teil wird ausgetauscht, mit dem Ziel, dass der Motor anschließend wieder einwandfrei läuft. Bei vielen akuten Krankheiten mag dieses Vorgehen sinnvoll und notwendig sein. In Anbetracht der Tatsache aber, dass wir es bei den gegenwärtigen Volkskrankheiten immer mehr mit Krankheitsbildern zu tun haben, die den seelischen Bereich betreffen (von Depressionen über Allergien hin zu Herz-Kreislauf-Beschwerden und Krebserkrankungen), greift diese medizinische Sichtweise zu kurz.

Bleiben wir aber bei dem weniger komplexen und schwerwiegenden Beispiel eines einfachen Kopfschmerzes. Wir können eine Tablette nehmen und schalten den Kopfschmerz damit aus – in der Hoffnung, dass damit auch der Auslöser des Schmerzes aus dem Weg geräumt ist und die Kopfschmerzen sich nicht wieder melden, sobald die Tablette ihre Wirkung verloren hat. Gehen wir aber davon aus, dass der Kopfschmerz nicht eine zu bekämpfende Krankheit (Pathogenese), sondern ein körperliches Warnsignal ist, das uns auf den eigentlichen Grund einer (möglicherweise seelischen) Störung hinweisen will, dann werden wir dem Kopfschmerz selbst ganz anders begegnen. Die Frage „Warum habe ich gerade jetzt Kopfschmerzen?" und der geübte Umgang mit den Signalen des eigenen Körpers stellen demnach die Wiederherstellung von Gesundheit auf ganz anderen Wegen in den Mittelpunkt.

Vergleichbar ist dieser Unterschied mit der Instandsetzung eines Gebäudes: Einen Riss in der Wand kann ich zunächst einfach überstreichen, im zweiten Schritt findet sich auch irgendein Stück Holz oder eine Tapete, mit dem sich ein solcher Riss kaschieren lässt. Er ist dann nicht mehr zu sehen, aber das Problem lässt sich auf diesem Weg kaum beheben, wenn ich der Ursache des Defekts nicht auf den Grund gehe. Und selbst wenn ich in der Lage bin, den Riss an einer bestimmten Stelle simpel zu kleben, bricht er womöglich an einer anderen Stelle im Haus erneut auf.

Ähnlich verhält es sich mit dem menschlichen Körper. Nur zu oft werden Entzündungen auf schnelle Weise antibiotisch versorgt (also zurückgedrängt, aber nur selten geheilt), um sich an einer anderen Stelle des Körpers ein anderes Organ zu suchen. Diesen manchmal chronischen Kreisläufen entkommen wir nur, wenn wir einen neuen Blick für die Bedürfnisse unseres Körpers entwickeln. Dabei helfen aber chemisch induzierte Heilungsprozesse von außen meist nur wenig. Erst wenn wir nach der eigentlichen Ursache suchen, ist der Körper mithilfe der eigenen Selbstheilungskräfte zu erstaunlichen Heilungsprozessen in der Lage, eben weil er kein mechanischer Apparat oder eine Ansammlung chemischer Prozesse ist, sondern ein organisches Gebilde. Ein solches medizinisches Denken unterscheidet weitaus weniger zwischen körperlichen und seelischen Krankheiten, sondern betrachtet den Menschen als ganzheitliches Wesen, das seelische Spannungen über den Körper ausdrückt.

## Die Salutogenese oder die Seele in der Medizin

Den sogenannten Komplementärsystemen oder alternativen Heilmethoden ist demnach eine andere Blickrichtung auf das gemeinsam, was die medizinische Wissenschaft als Gesundheit deklariert. Sie geht nicht nur von einem Körper aus (der selbstverständlich auch in der Schulmedizin den Bereich der Seele bzw. Psyche miteinschließt), der sich in anatomische Teilbereiche zerlegen und auch innerhalb dieser kurieren lässt, sondern nimmt den ganzen Menschen in den Blick, also neben seiner geistigen Verfasstheit auch seine Geschichte, seine Herkunft, seine Vorlieben, Stärken und Schwächen.

Damit entsteht ein systemisches Verstehen, das mit dem Skalpell nicht erreicht werden kann. Um diese Herangehensweise besser beschreiben zu können, stellen wir im Folgenden ein Denkmodell vor, das sich explizit mit der Frage nach dem, was Gesundheit ausmacht, beschäftigt: das Denken der Salutogenese.

Diese basiert auf der begrifflichen Umkehrung der Pathogenese. „Salutogenese" bedeutet so viel wie „Gesundheitsentstehung" oder „Ursprung von Gesundheit"). Sie wurde von dem israelisch-amerikanischen Medizinsoziologen Aaron Antonovsky (1923–1994) in den 1970er Jahren entwickelt. Nach seinem Modell ist Gesundheit kein Zustand, den wir, einmal erreicht, nur noch erhalten müssen, sondern ein Prozess, der permanent in Entwicklung begriffen ist. Der menschliche Körper ist als Organismus stetig der Möglichkeit von Veränderung, also auch der Gefahr einer Unordnung, ausgesetzt, und das nicht nur gelegentlich oder in besonderen Situationen, wenn beispielsweise eine Grippewelle umgeht oder das Wetter umschlägt.

Diese Auffassung steht im Gegensatz zum pathogenetischen Modell, das von einem relativ konstanten Gleichgewicht ausgeht, welches durch unterschiedlichste Kontrollmechanismen und Regelkreise innerhalb des Körpers aufrechterhalten wird. Wenn wir dieser Auffassung folgen, dann ist die Schlussfolgerung berechtigt, dass Krankheiten so etwas wie die Störung dieser Kontrollmechanismen beschreiben und kuriert werden, indem man die Regelkreise in ihrer alten Form wiederherstellt. Wenn wir aber davon ausgehen, dass der körperliche Zustand sich eher durch einen Schwebezustand (wir erinnern uns an den Zwischenraum) auszeichnet, dann erfordert eine gesunde Lebenspraxis einen Umgang mit diesem Ungleichgewicht, der weit über das Einwerfen von Vitaminpillen und das bloße Kurieren von Krankheiten hinausgeht.

Wie aber kommt Antonovsky zu diesen Aussagen? Der Ausgangspunkt seiner Forschung lag 1970 in der Untersuchung einer Gruppe von Frauen, die 1939 zwischen 16 und 25 Jahren alt und zu diesem Zeitpunkt in einem nationalsozialistischen Konzentrationslager interniert waren. Diese Information bekam er über die Auswertung eines Fragebogens, in dem die Frage nach der Internierung in einem KZ eine eher untergeordnete Rolle spielte. Er verglich ihre emotionale Befindlichkeit mit der einer vergleichbaren Gruppe, die aber keine KZ-Vergangenheit hatte. In der zweiten Gruppe wurden 51 % der untersuchten Frauen als gesund beschrieben, in der ursprünglichen Gruppe lag der Anteil der Gesunden bei 29 %. Dabei war es nicht der Unterschied an sich, der Antonovsky überraschte, sondern die Tatsache, dass in der Gruppe der KZ-Überlebenden 29 % der Frauen trotz der unvorstellbaren Qualen eines Lagerlebens mit anschließendem Flüchtlingsdasein als (körperlich und psychisch) gesund beurteilt wurden. Diese Beobachtung führte ihn zu der Frage, welche Eigenschaften und Ressourcen diesen Menschen geholfen hatten, unter den Bedingungen der KZ-Haft sowie in den Jahren danach ihre (körperliche und psychische) Gesundheit zu erhalten. Aus dieser Fragestellung ist im Rahmen seiner weiteren Forschungen das Salutogenese-Modell entstanden, das die Bedingungen und Voraussetzungen der Entstehung von Gesundheit ins Zentrum rückt.

Antonovsky macht dabei ein zentrales Gefühl aus, das die eigene körperliche Entwicklung maßgeblich beeinflusst, er nennt es das Kohärenzgefühl (SOC – „Sense of Coherence"): „Das Kohärenzgefühl ist eine globale Orientierung, die ausdrückt, in welchem Ausmaß man ein durchdringendes, dynamisches Gefühl des Vertrauens hat, dass die Stimuli, die sich im Verlauf des Lebens aus der inneren und äußeren Umgebung ergeben, strukturiert, vorhersehbar und erklärbar sind; einem die Ressourcen zur Verfügung stehen, um den Anforderungen, die diese Stimuli stellen, zu begegnen; diese Anforderungen Herausforderungen sind, die Anstrengung und Engagement lohnen."

Aus dieser Beschreibung geht hervor, dass bei der Beurteilung oder vielmehr der Entstehung von Gesundheit und Krankheit viel weniger objektive Faktoren eine Rolle spielen als die persönliche Haltung und das Vertrauen, das ich in die Welt setze bzw. in meine Fähigkeiten, mit dieser Welt umzugehen. Das Kohärenzgefühl setzt Antonovsky der Instabilität des Gesundheitsprozesses entgegen, hieraus generiert der Einzelne die nötige Energie, um mit Unsicherheit und Unordnung – also im weitesten Sinne dem, was wir schon im Umgang mit komplexen Prozessen erörtert haben – fertig zu werden.

Aus dem Salutogenese-Modell haben sich verschiedene Heilmethoden entwickelt; die prominenteste ist die von dem Psychologen Viktor Frankl begründete Logotherapie (von „logos" – Sinn). Frankl greift auf die gegen den Psychologismus gerichtete Strömung der Psychotherapie zurück, die sich unter anderem an die phänomenologische Philosophie Husserls anlehnt. In Abgrenzung zur Psychoanalyse Freuds stellte Frankl den psychisch-triebhaften Kräften eine auf die Welt der Werte gerichtete „Existenz"-Analyse entgegen. Er wollte so erreichen, dass es dem Patient gelingen kann, mit einer inneren Zustimmung zum eigenen Handeln und Dasein leben zu können. Aber auch der Ansatz der Homöopathie, der auf die Forschungen des Arztes Samuel Hahnemann zurückgeht, oder die mittlerweile sehr verbreitete Methode systemischer Aufstellungen von Familien bis zu großen Organisationen zeigen, dass das Thema Heilung neu angegangen werden kann. Denn gerade in medizinischen Fragen geht es gegenwärtig verstärkt darum, nicht über neue

Inhalte – also andere Medikamente – nachzudenken, sondern über das, was die Menschen krank macht oder gesund hält, anders nachzudenken.

## Das Web 2.0 oder die Kunst des vernetzten Denkens

> So sind wir Individuen in der Unterschiedlichkeit
> unserer Netzwerke, immer und überall
> online, als Peer im Kontakt mit unseren Netzwerken.
> Die Tausch-Kultur im Netz ist unser
> Werk und die offene Gesellschaft unser Ziel.
>
> R. Dürhagen und T. Heuer

Um sich diesem anderen Denken noch einmal von einer völlig anderen Seite zu nähern, beschäftigen wir uns im Folgenden mit einem weiteren gesellschaftlichen System, das im Gegensatz zu den bisherigen deutlich weniger Probleme mit dem Umdenken hat, sondern sogar so etwas wie eine Vorreiterrolle einnimmt. Allerdings eine, die zeigt, dass auch hier die Gefahr eines „Entweder-oder"-Denkens weiterhin aktuell ist, nämlich in Form einer völligen Abkehr von den gewohnten Denkstrukturen. Es geht um die schöne neue Welt des „World Wide Web", den Nutzen des Web 2.0 und die Frage, wie der Dialog der „Alten Welt" mit der Generation der „Digital Natives" konstruktiv genutzt werden kann.

Wenn wir den Blick von der realen (was auch immer das sein mag) auf die virtuelle Welt richten, dann hat das Relationale dem Substanziellen bereits den Rang abgelaufen, auch wenn wir das noch immer nicht so richtig denken können.

Alles ist in Bewegung, setzt sich ins Verhältnis, wird vernetzt und knüpft Verbindungen: Die schlichte und wenig aussagekräftige Bezeichnung für diese relationalen Bezüge ist heute das Web 2.0 – also die Möglichkeit, über das Internet nicht nur zu rezipieren, sondern interaktiv mit diesem Medium zu arbeiten und in Kontakt zu anderen Menschen zu treten. In der wirklichen Welt erleben wir das Web 2.0 in Gestalt von meist noch recht jungen Menschen, die sich auf „BarCamps" treffen, „Crowdsourcing" als neue Kommunikationsform entdecken, oder von „Usern", die eine Community nach der anderen gründen, die für jede Idee gleich das passende Portal aus dem Hut zaubern und, wenn man sie anruft, fast immer unterwegs sind. Die Welt, in der sich diese Menschen bewegen, scheint ungeheuer spannend und ein unerschöpfliches Potential für Veränderung und neue Ideen zu sein. Was aber häufig nicht gelingt, ist, aus all den bunten Fäden so etwas wie ein Muster zu weben, die Ideen tatsächlich in die Welt zu bringen und sie so zu verbalisieren, dass auch „Nicht-Web-2.0er" damit etwas anfangen können. Die Ideenknäuel im Web 2.0 scheinen meist ein interessantes, aber abgekapseltes Eigenleben zu führen, Knoten und lose Enden tun sich auf, und als Rezipient stehen wir vor einem Gewirr von Möglichkeiten, die uns meist den Griff zu Schere nahelegen, um überhaupt wieder so etwas wie einen Überblick zu gewinnen.

Das Problem aber liegt nicht in den Knoten, den Bruchstücken und Sackgassen der virtuellen Welt – diese sind so normal und natürlich, wie es jede Veränderung in einem organischen System ist –, sondern in der Art und Weise, wie wir diese nutzen und in unser Leben einbeziehen. Das Internet ist eine Vielfalt von menschlichen Ausdrucksformen, die für uns am Bildschirm sichtbar werden. Sie ist aber nicht erst im Internet-Zeitalter entstanden, sondern wird durch die technischen Medien nur so deutlich sichtbar. Dennoch entwickeln sich aus diesen schnellen und oft flüchtigen Ausdrucksformen neue Bedürfnisse, die tatsächlich erst mit diesem Medium und seiner interaktiven Nutzung entstehen konnten. Das Web macht also an manchen Stellen das überdeutlich, was wir in der scheinbar wirklichen Welt nur noch durch substanzielle Strukturen verschleiern können: Wir haben nicht alles im Blick, schon lange nicht im Griff, und daran wird sich auch durch verschärfte Kontrollen nur wenig ändern.

Das Einzige, was Stabilität schaffen kann, ist unsere individuelle Perspektive, und das im Rahmen einer Gemeinschaft, der die Selektion der uns zur Verfügung stehenden Möglichkeiten maßgeblich mitbestimmt.

Damit zeigt insbesondere die virtuelle Welt des Internet, dass Hannah Arendt recht hat, wenn sie sagt: „Das Leben ist kein Produkt, sondern eine Praxis." Es geht also weniger um das Ansammeln von Inhalten und Ergebnissen, sondern um den Umgang mit dem zur Verfügung stehenden Potenzial in all seiner Veränderlichkeit.

## Selbstbewusstsein und Medienkompetenz

Bezogen auf die reale wie auf die virtuelle Welt, bedeutet das nichts anderes, als dass wir im Netz nur das finden können, was uns die eigenen Möglichkeiten eröffnen. Ohne zu wissen, was wir von dieser relationalen Welt der interaktiven Angebote wollen, laufen wir Gefahr, die reine Interaktion als Sinn und Zweck unseres Handelns misszuverstehen.

Um diese Balance zwischen persönlicher Stabilität und äußerem Wandel herstellen zu können, sollten wir zunächst nach innen schauen und erst dann den Blick nach außen richten.

Wie aber kann das vor sich gehen? Gerade das Internet scheint es am wenigsten zuzulassen, dass wir uns um uns selbst kümmern, verpassen wir dann doch vermeintlich das jüngste Update, das aktuellste Portal oder den Anschluss an die neueste Community. Doch gerade in diesen Zusammenhängen, die durch das Internet unübersichtlich und so vielfältig geworden sind, dass wir meist schon an der Oberfläche eines Themas zum nächsten Link abbiegen, ist es für jeden Einzelnen sehr hilfreich, sich aus dem gehetzten Gefühl des ewigen Zuwenig zu befreien und sich klarzumachen, dass es keine letzte Information, keine beständige Antwort auf die eigene Fragestellung geben kann.

Lässt sich das Denken einmal auf die relationalen Gegebenheiten eines Web 2.0 ein, dessen einzige Beständigkeit ganz im Sinne Kants die Unbeständigkeit ist, dann brauchen wir auch dem Ziel der Beständigkeit nicht weiter nachzujagen (und am Ende liegt dies dem Wunsch nach einem aktuellen Überblick zugrunde). Das bringt uns zwar auch einer individuellen Wahrheit nicht näher, stellt sie aber ganz neu zur Diskussion.

Eine geistige Selbstreflexion ist, wie wir wissen, kein weiteres Programm, das sich methodisch abspulen lässt, um ein vorgefertigtes Rezept zu formulieren. Sie ist vielmehr die notwendige Voraussetzung, um im Umgang mit der realen wie der virtuellen Welt die richtigen – also richtungsweisenden und damit wahren – Methoden zu finden.

Die mediale Entwicklung und die technischen Möglichkeiten einer globalen Vernetzung haben entscheidende Veränderungen mit sich gebracht, die den Aufbruch im Denken auf eine sehr eigene Weise notwendig machen. Nicht allein das Aufbrechen alter Strukturen ist hierbei vonnöten, sondern auch die Verknüpfung gewohnter und traditioneller Denkmuster mit neuen Anforderungen. Auch das Neue kann vom Alten lernen, aber dafür braucht es einen Brückenbau, der zu einem Dialog der Generationen beiträgt Es leben derzeit Menschen in dieser Gesellschaft, z.T. unter einem Dach, die noch ohne Telefon überlebensfähig waren, zusammen mit anderen, die ihr Laptop wie einen Körperteil behandeln und deren soziales Miteinander ohne W-Lan zusammenbräche. Wie gelingt ein Austausch im Sinne der bereichernden Grenzerfahrung von Altem und Neuem, von Tradition und Innovation? Um dieser Frage nachzugehen, bevor es um die persönliche Umsetzung eines Aufbruchs im Denken gehen wird, sollen zunächst die Merkmale der jüngsten Generation, der „Digital Natives", vorgestellt werden.

## Das Denken der „Digital Natives"

Der Begriff der „Digital Natives" beschreibt die Generation der jungen Erwachsenen, die nach 1980 geboren und mit Internet und Handy groß geworden sind, diese technische Entwicklung also als selbstverständlich betrachten. Sie mussten sich im Gegensatz zu den oft nur wenige Jahre älteren „Digital Immigrants", die ihre Kindheit noch mit verkabelten Telefonen und gedruckten Briefen erlebt haben, die digitale Welt nicht erschließen, sondern sie denken und leben quasi digital. In der Einleitung des Buches „Generation Internet", das auf einem Forschungsprojekt der Harvard University und der Universität St. Gallen beruht, werden die „Digital Natives" folgendermaßen beschrieben: „Anders als die meisten Digital Immigrants verbringen Digital Natives einen Großteil ihres Lebens online, wobei sie allerdings gar nicht zwischen online und offline unterscheiden. Anstatt ihre digitale und ihre reale Identität als zwei separate Erscheinungen zu betrachten, verfügen sie lediglich über eine einzige Identität (die in zwei, drei oder mehr verschiedenen Umgebungen vertreten ist). Sie sind verbunden durch eine Reihe von Gemeinsamkeiten, z. B. die Zeit, die sie mit Digitaltechnik verbringen, ihren Hang zum Multitasking, ihre Art, sich auszudrücken und digital miteinander Kontakt zu halten, sowie die Anwendung dieser Technologien, um auf Informationen zuzugreifen und diese zur Schaffung neuer Formen von Wissen und Kunst zu nutzen. Für diese jungen Menschen sind Geräte wie Computer, Handy und PDA die wichtigsten Mittel für Verbindungen von Mensch zu Mensch. So haben sie ein rund um die Uhr verfügbares Netzwerk geschaffen, das Mensch und Technik in einem nie da gewesenen Maße miteinander verschmelzen lässt und die zwischenmenschlichen Beziehungen radikal verändert. Sie empfinden es als ganz selbstverständlich, ein Leben zu führen, das sich sowohl online als auch offline abspielt, und halten diese Hybrid-Existenz für völlig unspektakulär. Digital Natives kennen gar nichts anderes, als ständig miteinander und mit dem Netz verbunden zu sein. „Digital Natives" sind immer und überall erreichbar. Sie haben einen großen Freundeskreis sowohl in der realen Welt als auch in verschiedenen virtuellen Räumen, über den sie auf ihren Social Network Sites öffentlich Buch führen. Selbst wenn sie schlafen, werden im Hintergrund Verbindungen hergestellt, die sie jeden Morgen neu entdecken können. Gelegentlich entstehen dabei Kontakte zu Menschen, die der betreffende „Digital Native" im wahren Leben niemals hätte schließen können. Auf diesen Social Network Sites sind die „Digital Natives" per Instant Messenger verbunden und tauschen mit Freunden auf der ganzen Welt Fotos aus. Darüber hinaus können sie gemeinsam kreativ oder politisch tätig werden, was vor 30 Jahren in dieser Form noch undenkbar gewesen wäre. Doch infolge dieser allgegenwärtigen Vernetzung verändert sich das Wesen von Beziehungen – auch was es heißt, Freundschaft zu schließen – signifikant. Online-Freundschaften basieren auf ganz ähnlichen Dingen wie ihre traditionellen Pendants – auf gemeinsamen Interessen, häufigem Kontakt –, stehen jedoch unter anderen Vorzeichen. So sind sie oftmals oberflächlich und schnelllebig und können ohne viel Aufhebens wieder gelöst werden."

Diese ausführliche Beschreibung zeigt, wie sehr die Angehörigen dieser Generation das Leben und Denken in relationalen und damit stetig wandelbaren Zusammenhängen verinnerlicht haben. Sie sind mobil, flexibel, denken und handeln schnell und haben meist mit den Anforderungen des Multitasking weniger Probleme als viele ältere Menschen. Aber, und auch das gehört zu ihren Wesensmerkmalen, sie bewegen sich schnell und wendig an der Oberfläche und zeigen sich weitaus weniger sicher und kompetent, wenn es darum geht, einen eigenen Fokus zu finden oder gar auf welche Weise auch immer Wurzeln zu schlagen. Langfristigkeit ist kein Wert der „Digital Natives" und dennoch ist gerade das Verfolgen nachhaltiger Ziele an langfristige Prozesse gebunden, deren Umsetzung weit über das vernetzte Denken hinausgehen muss. Was die jüngere Generation allerdings auszeichnet, ist die Möglichkeit, sehr schnell vom Denken ins Handeln zu kommen und sich und ihren Ideen damit aktiv in kurzer Zeit Gehör zu verschaffen – ein Faktor, der für gerade drängenden Themen wie Klimawandel und Nachhaltigkeit nicht zu unterschätzen ist.

Wie aber sehen sich die Vertreter dieser Generation selbst, welche Ziele verfolgen sie? Die Generation der „Digital Natives" hat sich selbst im März 2009 ein Manifest gegeben, in dem sich die Autoren Robert Dürhagen und Timo Heuer als Vertreter der „Generation Internet" wie folgt beschreiben:

„Wir sind die Evolution der Fernseh-Generation, deren gemeinsames Schicksal der Passivität noch heute Kultur und Gesellschaft prägt. Indem das Leben der Zuschauer hinter geschlossenen Türen stattfindet, entwickeln diese in Abgrenzung zur Masse ihre Individualität. Doch während die Fernseh-Generation selbst bei Ausflügen ins interaktive Internet sich hinter Pseudonymen versteckt und weiterhin passiv als (Be)Sucher Inhalte auf nur neue Weise konsumiert, sind wir es, welche die Interaktivität als (Be-)Nutzer tatsächlich leben. So sind wir Individuen in der Unterschiedlichkeit unserer Netzwerke, immer und überall online, als Peer im Kontakt mit unseren Netzwerken. Die Tausch-Kultur im Netz ist unser Werk und die offene Gesellschaft unser Ziel."

Nach diesen beiden (Selbst-)Darstellungen einer Generation, die sich auf ganz andere Weise Themen wie Komplexität, Vernetzung, Veränderung und Wandel zu öffnen scheint, wollen wir auf die Frage zurückkommen, wie ein Dialog, ein Austausch zwischen den „Digital Natives", den Digital Immigrants und den seltenen Exemplaren der „Non-Digitals", also derjenigen, die sich tatsächlich noch ohne Handy und Internetanschluss auf dieser Welt bewegen, aussehen kann.

Ein Beispiel ist ein aktuelles Beratungsprojekt eines Hamburger Unternehmensberaters, das stellvertretend für eine Initiative steht, die die „Anzugträger" mit den „Kapuzenpullis" ins Gespräch gebracht hat, um so beide Seiten voneinander lernen zu lassen. Das, was das Denken der Digital Natives prägt, ist eine Offenheit und Transparenz, die den klassischen Denkprozessen (gerade in Unternehmen) oft fehlt, die Sicherheit, dass der offene und tatsächlich interaktive Umgang mit den zur Verfügung stehenden Medien kein reines „Geben" oder gar „Sich-Aufgeben" bedeutet, sondern durch das Mit-Teilen des Eigenen das entsteht, was im Zusammenhang mit Komplexität als „kollektive Intelligenz" beschrieben wurde. Dennoch zeigt sich aber auch hier, dass die flachen Hierarchien und partnerschaftlichen Strukturen rein virtueller Systeme schwierig werden, wenn es von der Entwicklung einer Idee an die Umsetzung geht. Es darf nicht darum gehen, jede Form von Hierarchie, strukturiertem Denken und Arbeiten abzuschaffen, sondern das Ziel muss darin liegen, sich selbst in die Lage zu versetzen, zwischen beiden Arbeits- bzw. Denkmodi hin- und herzuwechseln. An dieser Stelle also ist es sinnvoll, sich auch als Angehöriger der Digital Natives einmal mit den „Basics" des sozialen Miteinanders, den eigenen Hintergründen und Sinnfragen zu beschäftigen, um daran die eigene Art der Kommunikation ausrichten zu können, ohne sich selbst zu verlieren. Um diese Gratwanderung und die Rolle der persönlichen Selbstreflexion wird es in den nächsten Kapiteln gehen.

# 7 Das Erlebnis des Denkens oder das Wagnis des Glücks

Mit dem Denken beginnt
die Menschwerdung.

Karl Jaspers

**Wir beklagen den Verlust einer Ordnung,** einer Sicherheit, die uns der permanenten Veränderung und Schnelligkeit gegenübertreten lässt, wir suchen nach etwas, das uns Ruhe und eine entspannte Zukunft verspricht, und surfen gleichzeitig mit High-Speed durchs Netz, während wir per Handy den nächsten Termin abstimmen.

Wir wollen eine Leitlinie für das eigene Handeln, die zumindest so tut, als könnte sie Richtigkeit garantieren, und sehen uns oft gleichzeitig als einzelnes handelndes Wesen nicht in der Verantwortung, an einer solchen Leitlinie mitzuwirken – weder für uns selbst noch für andere. Manchmal mit der Begründung einer individuellen Freiheit, oft aus schlichter Bequemlichkeit und auf der Basis eines nicht hinterfragten Individualismus.

In jedem Fall aber schiene es leichter zu sein, wenn eine übergeordnete Instanz uns von außen in überschaubaren Regelkatalogen diktierte, was wir wann zu tun haben, ohne uns selbst auf den Weg machen zu müssen. Sogar das Jammern und Kritisieren fiele dann deutlich leichter, wenigstens kann man dann gegen etwas sein, ohne etwas tun zu müssen. Und auch wenn es eine solche Instanz nicht gibt, nicht geben kann, so scheinen wir uns häufig genug in der Vorstellung einzurichten (oder zu verfangen), mit dem eigenen Denken nichts ausrichten zu können.

Dennoch gibt es viele Menschen, die bereit sind, sich auf das Wagnis eines selbständigen Denkens einzulassen, die Impulse suchen und bereits die ersten Schritte gegangen sind. Manchmal ist diese Suche mühsam, scheinbar neue Ideen entpuppen sich nach einiger Zeit als alter Wein in neuen Schläuchen, oder man wird das Gefühl nicht los, die richtige Idee in der falschen Zeit zu verfolgen. Aber all diese Erfahrungen sind wertvoll bzw. notwendig, wenn es um das Entwickeln eines anderen Denkens geht. Die voraussetzungslose Wahrnehmung misst den negativen Erfahrungen einen ebenso großen Wert bei wie den positiven bzw. sie trifft diese Unterscheidung gar nicht erst. Diese Einsicht hat nichts mit der Trivialität eines reinen „Simplifying" oder unreflektierter Bestellungen beim Universum zu tun. Das positive Denken ist keine naive Sorglosigkeit, sondern harte Arbeit, wie wir im Zusammenhang mit dem Optimismus bereits gesehen haben. Aber auch harte Arbeit kann glücklich machen, ohne in die Verklärung von Not und Mangel abzugleiten.

Um es noch einmal mit Karl Jaspers zu formulieren, das Glück (auch das des Denkens), das wir alle suchen, gibt es nur in Form eines persönlichen Wagnisses: „Wäre nur Glück des Daseins, so bliebe es mögliche Existenz im Schlummer. Es ist wunderlich, dass das reine Glück leer wirkt. Wie Leiden das faktische Dasein vernichtet, so scheint Glück das eigentliche Sein zu bedrohen. (...) Das Glück muss in Frage gestellt sein, um als wiederhergestellt erst eigentlich Glück zu werden; die Wahrheit des Glücks ersteht auf dem Grund des Scheiterns. Der Mensch, leichter er selbst im Unglück als im Glück, muss paradoxerweise es wagen, glücklich zu sein."

Nehmen wir uns diese wenigen Sätze einmal genauer vor, dann lassen sie sich in einer wesentlichen Aussage zusammenführen: Das Glück ist ein Wagnis, von dem ich nie wissen kann, ob ich es erreiche. In dieser Unsicherheit aber liegt erst sein eigentliches Wesen, nämlich das, was wir uns vom Glück versprechen, verborgen. Das reine Glück bleibt leer, es muss seine andere Seite – das Scheitern, die Unsicherheit – kennengelernt haben und die Nähe dazu aushalten können, um als Glück tatsächlich glücklich zu machen. Und auch das müssen wir erst einmal denken lernen, indem wir uns auf den Weg machen, Erfahrungen sammeln, Impulse zusammentragen, die uns deutlich machen, in welcher Richtung unser ganz persönliches Wagnis liegen kann.

Niemand wird ein Denken vorgeben oder gar befehlen können, das uns als Individuum entspricht, wir können aber Anregungen erfahren. Und dies gelingt am besten im direkten Austausch mit Menschen, die einen ähnlichen Weg beschreiten wie den, den wir uns vorstellen, aber noch nicht erfahren haben. Die Suche nach möglichen Vorbildern lohnt sich: Wie gelingt ihnen der Umgang mit den sich stellenden Fragen? Welche Leitlinien haben ihr Handeln geprägt oder prägen es noch? Welchen Bedingungen unterliegt ihr Handeln? Vorbilder lassen sich aber nicht konstruieren, kaufen oder herstellen – sie entstehen aus einem lebendigen Umfeld heraus und eben das macht sie so wertvoll: Möglicherweise sind sie uns weder an Intelligenz oder Abstraktionsvermögen überlegen, vielleicht haben sie nicht einmal mehr Erfolg als wir, aber das, was sie zu Vorbildern werden lässt, ist eine Klugheit, die aus dem reflektierten Umgang mit der eigenen Lebenserfahrung entsteht, und daraus lässt sich sehr viel lernen. Also halten wir es erneut mit Nietzsche: „Niemand wird zweifeln: das Leben ist die höhere, die herrschende Gewalt, denn ein Erkennen, welches das Leben vernichtete, würde sich selbst mit vernichtet haben. Das Erkennen setzt das Leben voraus [...]".

## Denken lässt sich nicht verordnen: Die Frage nach der eigenen Moral

Um diese Erfahrungen sammeln zu können und sie zur Grundlage eines uns gemäßen Denkens zu machen, braucht es einen sittlichen Rahmen, in dem diese Erfahrungen stattfinden können. Damit sind wir beim Begriff der Moral angelangt, ein weiteres Wort, das gegenwärtig sehr strapaziert und für Appelle jeglicher Art ge- und missbraucht wird. Wieder wollen wir uns zunächst dem Begriff nähern, um zu verstehen, worum es eigentlich geht. Unter Moral lässt sich zweierlei verstehen: zum einen eine deskriptive, zum anderen eine normative Moral – auf der einen Seite also die reine Beschreibung sittlicher Maßstäbe, denen wir unser Handeln unterordnen, und auf der anderen Seite die Kritik dieser Maßstäbe in Form einer normativen Moral, die nach neuen Kriterien und Leitlinien ruft. Wichtig ist in beiden Fällen, dass mit der Moral immer eine bereits gelebte oder zu lebende Sittlichkeit gemeint ist. Diese Moral wird zum Gegenstand der Ethik, die sich auf einer theoretischen und übergeordneten Ebene mit all dem beschäftigt, was wir als moralisches Handeln bezeichnen. Diese Ebenen geraten derzeit häufig durcheinander, rufen aber in der Diskussion auf welche Weise auch immer nach neuen und festen Grundsätzen, die wieder für Ordnung sorgen sollen.

Aber in jedem Fall – sowohl in der Auseinandersetzung mit der deskriptiven oder der normativen Moral wie auch in der ethischen Beschäftigung mit diesen beiden Formen – steckt leider selten der Dialog zwischen dem, was gilt, und dem, was zu erneuern wäre, sondern meist nur ein kämpferisches Abwägen von „richtig" und „falsch". Genau das aber beschreibt den eigentlichen Kern des Problems und nicht die Lösung: Es geht im Gerangel um die Moral, wie wir sie kennen, um die Festlegung von Wahrheiten, die sich kontext- (und möglichst zeit-) unabhängig manifestieren lassen sollen. Dies wird nicht gelingen. Wir sind als kreative Wesen viel mehr als brave Befolger von Sittengesetzen und jeder einzelne Mensch kann einen Moralbegriff nur dann als Handlungsleitlinie anerkennen, wenn er sich selbst darin wiederfindet – in seiner Individualität und Einzigartigkeit. Denn nur darin sind wir alle gleich, wenn wir an die Aussagen Georg Simmels denken. Dennoch ist auch der Umkehrschluss einer individuellen Sittlichkeit, die allein das eigene Gewissen als Instanz für das eigene Handeln zulässt, ebenso wenig in der Lage, als Grundlage einer Gemeinschaft zu dienen. Simmel hat dafür wie bereits erwähnt den Begriff des „individuellen Gesetzes" geprägt, der den Menschen als selbstverantwortliches Wesen ernst genug nimmt, um sich selbst zu kontrollieren.

Dass dies gerade in Zeiten habgieriger Heuschrecken und flächendeckender Verantwortungslosigkeit nach einem idealistischen Wunschtraum klingt, leuchtet ein, lässt aber weiterhin die Frage offen, ob es dem Menschen grundsätzlich unmöglich ist, eigenverantwortlich zu handeln, oder ob es Gründe und Entwicklungen gibt, die dazu geführt haben, dass es nicht so ist. Auf diese Frage gibt es keine einfache und vielleicht gar keine Antwort – und dennoch ist es im Rahmen eines anderen Denkens wichtig, sich über die eigene weltanschauliche Haltung dazu klar zu sein. Schon Jean-Jacques Rousseau hat es mit der Formulierung seines „Gesellschaftsvertrages" als elementar angesehen, ob wir den Menschen als grundsätzlich gut (also fähig, ein gutes Lebens zu führen) ansehen oder ob wir in ihm eher „den Wolf" sehen, der selbst „des Menschen Wolf" ist, wie es Thomas Hobbes beschrieben hat. Dies gilt ebenso für die heutige Situation: Unser Denken und Handeln steht und fällt mit den grundsätzlichen Ansichten, die wir ihm zugrunde legen, und über diese Ansichten lohnt es sich nachzudenken, gerade wenn es dabei (auch) um die eigenen Handlungsspielräume geht. Wenn wir uns in diesem Zusammenhang der Einstellung Rousseaus anschließen – und eine andere lässt dieses Buch gar nicht zu –, dann lässt sich weder ein Denken noch ein Handeln in Form moralischer Grundsätze vorschreiben, das nicht durch gelebte Erfahrung ausgedrückt und damit vorgelebt wird.

Ein abstrakter „Code of Conduct" in Großkonzernen oder der Versuch einer übergeordneten „Ethikcharta", die einige wenige Kernsätze menschlichen Handelns als Königsweg zum Guten formuliert, wird nicht zur Grundlage des eigenen Handelns, weil es niemanden persönlich erreicht – es berührt mich nicht. Dies gelingt auf einem anderen Weg sehr viel besser: nämlich über die bewusste Suche und das Hervorheben von Vorbildern, von gelebter Erfahrung, die sich in einer Persönlichkeit, einem Menschen ausdrückt und nicht in einem verkopften Regelkatalog.

Wenn es also eine moralische Pflicht des Einzelnen gibt, dann die des offenen Austauschs – möglichst mit Menschen, die einem zu Beginn der eigenen Suche Ratgeber oder Kritiker sind, um die eigenen Gedanken tatsächlich zu bereichern. Die dafür nötige Offenheit bedeutet kein „anything goes", sie ist alles andere als beliebig, sondern erfordert einen sehr starken Fokus: auf das, was vor sich geht, und das, was diese Ereignisse mit mir machen. Darüber hinaus setzt Offenheit den Respekt vor dem und das Vertrauen in das Anderssein meines Gegenübers voraus und fordert dazu auf, eine eigene Position einzunehmen. Damit wird dieses Andere zum Kern einer jeden moralischen Begegnung; und eben nicht der bestirnte Himmel über mir und das – kategorische – moralische Gesetz in mir, die Kant mit Ehrfurcht erfüllt haben. Nicht die von außen festgelegte Unterteilung unseres Handelns in „richtig" und „falsch", sondern die Frage nach der eigenen Haltung, die wir in unserem Handeln einnehmen, entscheidet über ihren moralischen Wert. „Wenn zwei Menschen das Gleiche tun, ist es eben doch nicht dasselbe". Deshalb lautet die einzige Forderung, die wir an eine neue Ethik, ein ethisches Denken stellen können: einen bewussten und kreativen Umgang mit den eigenen Fähigkeiten und Qualitäten zu pflegen, ganz im Sinne eines „individuellen Gesetzes". Simmel formuliert dieses Gesetz auf die paradox anmutende Weise, „[...] dass ein jeder sich absolut anders verhalten solle als jeder andere."

Damit ist wie gesagt keine willkürliche Verhaltensanarchie gemeint, die alles und jedes als Individualität akzeptiert und die Ära der Spaßkultur untermauert, sondern, ganz im Gegenteil – ein verantwortungsvoller Umgang mit der Kluft zu dem äußerlich Anderen, aber auch der Differenz zwischen dem inneren Sein und Sollen: eine ideelle Linie des eigenen Sollens, die nicht in Einklang zu bringen ist mit dem, was als die Pflicht der Vernunft im Rahmen einer kantischen Moral gemeint ist. Simmel kritisiert an dessen Moralverständnis, dass es allein das als Sollen anerkennt, was von einem vernünftigen Willen tatsächlich ins Handeln überführt werden kann. Die Kluft, die zwischen beidem liegt, werde zugunsten eines dogmatischen Moralverständnisses übergangen. Ein solches Dogma kann nur dann greifen, wenn der Mensch auf eine vernünftige Konstruktion reduziert wird – die er nicht ist.

Es gilt also, mit dem individuellen Gesetz eine Moral zu formulieren, die die menschliche Ambivalenz anerkennt und mit ihr arbeitet. Um diese Zweiseitigkeit aber als elementaren Bestandteil menschlichen Handelns zu betrachten, ist es wichtig, Differenzen nicht zu vermeiden, sondern einen bewussten Umgang mit ihnen zu finden. Dies erfordert weniger abstrakte Verhaltensvorgaben als eine weise Klugheit im Umgang mit der eigenen oder vorgelebten Erfahrung.

## Klugheit oder Intelligenz?

Eine solche Form der Klugheit unterscheidet sich – ähnlich der Weisheit, die wir als Ziel der Philosophie von der wissenschaftlichen Erkenntnis abgegrenzt haben – von Intelligenz und Wissen gerade durch einen Blick für den Kontext, ein situatives Verhalten, das sich nicht in theoretischen Rastern unterbringen lässt. Sie lässt sich nur im und mit dem Leben ausdrücken und entwickeln. Dabei sind die eigenen Erfahrungen, die subjektiven Empfindungen und der persönliche Hintergrund nicht störend oder hinderlich, sondern unerlässlich.

Das kluge Handeln stellt sich auf Situationen ein, befreit sich von Masken, Normen und Erwartungen, ohne dabei vorschnelle Urteile zu fällen. Authentisch zu bleiben, indem und nicht obwohl ich die Rolle des persönlichen wie des sachlichen Anderen achte – darin liegt das Wesen einer solchen Grundhaltung.

Daraus entstehen dann möglicherweise völlig neue moralische Leitlinien, denn letztlich können wir nicht wissen, ob im Streben nach scheinbar feststehenden moralischen Werten das liegt, was wir mit dem Festschreiben universalethischer Maßstäbe erreichen wollen. Auch wenn keine Situation vorstellbar ist, in der Hilfsbereitschaft oder Selbstlosigkeit keinen moralischen Wert darstellt, so sieht die sich daraus ergebende Handlungsweise doch oft völlig unterschiedlich aus – es kommt auf den Kontext an. Ohne die Wahrnehmung des Bezugs der Dinge untereinander, ohne den Wunsch nach einem Verstehen (der nicht bedeutet, dass man automatisch einen Konsens herstellt) gibt es keine Grundlage für eine moralische Haltung.

Also brauchen wir weniger einen neuen Moralbegriff oder einen vorformulierten Wertekatalog als vielmehr das geistige Bewusstsein, dass wir selbständig (!) dazu in der Lage sind, Kriterien aufzustellen, nach denen wir unser Handeln ausrichten können – auch und vor allem unser gemeinschaftliches Handeln. Von außen sollten formale Rahmen vorgegeben werden, die diesen Prozess unterstützen – in Familien beispielsweise in Form gemeinsamer Rituale oder zeitlicher Absprachen, in Unternehmen als kulturelle Leitlinien oder bestimmter Kommunikationsformen. Wichtig sind hier in erster Linie formale Setzungen, die den Respekt und die Akzeptanz im sozialen Miteinander gewährleisten, inhaltliche Gebote aber werden nicht zum gewünschten Erfolg führen. Es geht also zunächst um die Frage, „wie" wir miteinander umgehen, um dann einen Raum für konkrete Antworten, also das „Was", zu schaffen.

Das mag in vielen konkreten Momenten nicht dazu führen, die eigenen Erwartungen vollständig zu erfüllen, auch der schnelle Erfolg wird so manches Mal ausbleiben, aber es führt zu einem authentischen Handeln, das sowohl Ausgangspunkt wie Ziel einer dynamischen moralischen Ordnung sein muss.

Einen solchen Schritt auch als persönlichen Wert zu begreifen und nicht als jämmerliches Geworfensein in die Last der Freiheit bzw. als bösartige Beschränkung meiner individuellen Freiheitsliebe ist das zentrale moralische Ziel – für alle und jeden von uns. Damit geht die Betonung einer Qualität einher, die derzeit ebenfalls hoch im Kurs steht, insbesondere wenn es um die Rolle des Managements in Finanz- und Wirtschaftssystemen geht: die Frage nach der gesellschaftlichen wie der persönlichen Verantwortung.

## Last und Lust der Verantwortung: Über das Recht und die Pflicht zu denken

> Wer nicht denkt,
> fliegt raus.
>
> Joseph Beuys

Wenn wir die Frage nach einem verantwortungsvollen Handeln an die Philosophie richten, dann fällt meist der „kategorische Imperativ", den Immanuel Kant formulierte: „Handle nur nach derjenigen Maxime, durch die du zugleich wollen kannst, dass sie ein allgemeines Gesetz werde." Dieser Leitsatz der Aufklärung, der dazu aufruft, das eigene

Handeln über die unmittelbar mir selbst zugänglichen Folgen hinaus in Augenschein zu nehmen, scheint sich implizit durchgesetzt zu haben, wenn wir bei den Anforderungen des täglichen Lebens von einem verantwortungsvollen oder -bewussten Verhalten sprechen.

Auch wenn es hier um eine persönliche Maxime und nicht um ein vorgegebenes inhaltliches Gesetz geht, so besteht doch weiterhin die Kritik, die wir bereits mit Georg Simmel formuliert haben, dass dieser normative Imperativ sich an den Menschen als ein vornehmlich vernunftbegabtes Wesen richtet, das in der Lage ist, das gut gewollte in ein vernünftiges Handeln zu überführen, und damit ein moralisches bzw. verantwortungsbewusstes Wesen werden kann.

Wie aber passen die Denkansätze eines vernünftigen und aufgeklärten Geistes mit der Idee eines (auch) irrationalen „individuellen" Gesetzes zusammen? Beide gehen davon aus, dass es der Einzelne ist, der sich seines Handelns bewusst werden und in diesem Tätigsein eine Richtung ausmachen muss, die normativen Charakter hat – also etwas zum Guten verändern will. So würde auch Simmel dem Satz Kants folgen, der als weiterer Appell der Aufklärung ebenso ein Anliegen dieses Buches ist: „Sapere aude": Habe Mut, dich deines eigenen Verstandes zu bedienen.

Der essenzielle Unterschied aber liegt darin, was beide Denker mit dem Verstand meinen bzw. welche Möglichkeiten sie ihm zugestehen. Das muss an dieser Stelle eher als eine Erkenntnis und weniger als ein zu lösendes Dilemma stehen bleiben, denn für die Gestaltung eines eigenen Denkens geht es um den fundamentalen Unterschied, den die eine oder die andere Einschätzung der Instanz Vernunft für die Ausrichtung des eigenen Denkens ausmacht.

Bereits die Beschäftigung mit dieser Frage zeigt die Anerkennung einer persönlichen Verantwortung, also das wahrhaftige Bemühen, im Rahmen der zur Verfügung stehenden Möglichkeiten die bestmögliche Antwort bzw. Lösung zu finden. Damit zeigen wir, dass wir bereit sind, für unser Handeln Verantwortung zu übernehmen, auch wenn die darin enthaltenen Antworten keine letzten Erkenntnisse bergen.

## Der Umgang mit Verantwortung

> Verantwortung ist immer
> konkret. Sie hat ein
> Gesicht, eine Adresse,
> eine Hausnummer.
>
> Karl Jaspers

Die Übernahme von Verantwortung beginnt bereits mit der glaubwürdigen – also authentischen – Suche nach Antworten auf die eigenen Fragen. Nun mag man zu Recht einwenden, dass die eigenen Fragen zu vielfältig sind, um am Ende eine einzelne Antwort zu finden, wie ich zu einem verantwortungsbewussten Menschen werde. Das stimmt, dürfte uns aber nach der Lektüre der vorangegangenen Kapitel nicht weiter überraschen. Wir nehmen in unserem Leben verschiedenste Rollen ein, die zwar miteinander in Zusammenhang stehen, aber jede für sich einen eigenen Anspruch an ein verantwortungsvolles Handeln stellt. Der Vater und Fußballtrainer, der Teamleiter und Betriebsrat, der Nachbar und Freund, all diese Rollen sind zentrale Bestandteile eines einzelnen Lebens, fordern uns aber in völlig unterschiedlichen Fähigkeiten und Qualitäten.

Die Rollen selbst sind meist leicht auszumachen, nun gibt es aber weitere Differenzierungen, die uns innerhalb dieser Rollen so agieren lassen, wie wir agieren. Nicht jeder Vater oder Fußballtrainer füllt seine Rolle auf die gleiche Weise aus. Also muss es weitere Möglichkeiten geben, das eigene Verhalten verstehen zu lernen. Dazu findet sich gegenwärtig jede Menge Material, das in Seminaren oder Ratgebern gern genutzt wird. Das ist so lange eine wertvolle Hilfestellung, wie klar bleibt, dass auch diese Typisierungen keine Wahrheiten darstellen, sondern Möglichkeiten einer Orientierung. Nur weil ein Seminarleiter mich in einem kurzen Test als „Dr. Gewissenhaft" erkannt hat, kann ich mich auf dieses Ergebnis nicht zurückziehen und einfach so sein, wie ich eben bin. Aber ich kann dieses Ergebnis nutzen, um mich von dort aus auf den Weg zu machen.

Verantwortung bezieht sich in der Regel also auf einzelne Rollen und die Kenntnis der eigenen Stärken und Schwächen, mit denen wir uns neuen Herausforderungen nähern oder alte Gewohnheiten fortsetzen. Die Aufgaben, die uns darin begegnen, müssen wir meist vor einer moralischen oder institutionalisierten Instanz vertreten, d.h., wir müssen die nötigen Fähigkeiten haben und geistig in der Lage sein, die Konsequenzen unseres Handelns abzusehen bzw. das damit verbundene Risiko einzuschätzen, wenn wir Konsequenzen nicht abschätzen können. Es macht also wenig Sinn, meiner 5-jährigen Tochter die Verantwortung für den wöchentlichen Einkauf zu übertragen, weil sie weder die eine noch die andere Voraussetzung erfüllt, um diese Aufgabe eigenverantwortlich zu lösen. Dabei stellt sich die Frage, ob es überhaupt möglich ist, Verantwortung zu übertragen, oder ob Verantwortung nur übernommen werden kann. Dieser Frage werden wir später noch nachgehen.

In jedem Fall liegen die Bedingungen eines stabilen Verantwortungsbewusstseins in der Fähigkeit, sich seines Handelns (und dessen Folgen) bewusst zu werden und die daraus notwendigen Schlüsse zu ziehen. Dazu kommt die Notwendigkeit, die Absicht, die dem eigenen Handeln zugrunde liegt, ausdrücken und vermitteln zu können, denn auch das haben wir in Bezug auf die Moral schon erwähnt: Zwei Menschen können scheinbar das Gleiche tun; sofern die dahinter stehende Absicht eine andere ist, kann der eine zum Wohltäter und der andere zum Verbrecher werden.

Wenn aber die genannten Bedingungen stimmen, ist mit der Übernahme von Verantwortung noch eine weitere Qualität verbunden, die zwar laut Trendforschung den Lieblingswert der Deutschen beschreibt (das Ergebnis einer Umfrage des Hamburger Trendbüros auch unter www.trendbuero.de), aber meist sehr einseitig aufgefasst wird. Es geht um die Freiheit. Sofern ich keinen Freiraum habe, um meine Aufgaben oder Rollen auszufüllen, ist weniger von Verantwortung als von bloßer Pflichterfüllung die Rede. Dieser Handlungsfreiraum macht den Umgang mit Entscheidungen notwendig, also den Umgang mit Alternativen und eine Auseinandersetzung mit komplexen Prozessen, wie wir es bereits im Kapitel 5 beschrieben haben. Aber gerade, wenn es um das Ineinandergreifen von Aufgaben oder die Auswahl von Alternativen geht, wissen wir nur zu genau, dass es mit der Entscheidungsfreiheit nicht allzu gut bestellt ist – Verantwortung hin oder her. Wir selbst sind in unserer jeweiligen Rolle Teil eines Systems, einer Organisation, die ebenfalls für ein verantwortungsvolles Handeln herangezogen werden können. Wie aber sieht Verantwortung aus, wenn sich nicht nur das Individuum, sondern ein Kollektiv oder eine Organisation für ein gemeinsames Handeln entscheiden will? Insbesondere in Unternehmen und Organisationen, aber auch in gesellschaftlichen Kontexten wird viel von Verantwortung gesprochen, die jedoch gleichzeitig so komplex ist, dass es kaum noch konkrete Handlungsoptionen zu geben scheint. Auch dann sind eine Stabilität zwischen Wandel, Veränderung, Unabgeschlossenheit auf der einen Seite und klaren Strukturen bzw. Orientierung durch Grenzziehung auf der anderen Seite das erklärte Ziel. Eine solche Balance anzustreben, wird allerdings nach wie vor nicht als Fundament eines – insbesondere unternehmerischen – Handelns gesehen, sondern eher als eine luxuriöse Zusatzleistung in Sachen Unternehmenskultur, sobald die Zahlen stimmen.

Welche Auswirkungen diese Reihenfolge hat, haben wir bereits am Beispiel des Systems Wirtschaft erörtert, aber gerade in Zusammenhang mit dem Verantwortungsbegriff zeigt sich einmal mehr, wie zentral die ganz persönliche Sinnkomponente für das menschliche Denken und Handeln ist, dafür, eine grundsätzliche Richtung, einen persönlichen Aufbruch überhaupt denken zu können. Erst daraus entsteht das Bewusstsein dafür, dass das eigene Handeln eine Rolle spielt, in großen wie in kleinen Zusammenhängen. Wenn wir uns darüber klarer werden, dann wird – und hier sei noch einmal Roman Herzog in seiner „Ruck-Rede" bemüht – „das Ergebnis dieser Anstrengung eine Gesellschaft im Aufbruch sein, voller Zuversicht und Lebensfreude, eine Gesellschaft der Toleranz und des Engagements. (...) Wir müssen jetzt an die Arbeit gehen. Ich rufe auf zu mehr Selbstverantwortung. Ich setze auf erneuerten Mut. Und ich vertraue auf unsere Gestaltungskraft. Glauben wir wieder an uns selber. Die besten Jahre liegen noch vor uns."

Wenn wir also einen Aufbruch in diese besten Jahre wagen wollen, dann brauchen wir Qualitäten wie Zuversicht und Lebensfreude, Toleranz und Engagement, aber eben auch ein grundsätzlich positives Verhältnis zu dem, was wir in den letzten Kapiteln mit Komplexität, Unterschiedlichkeit und gesellschaftlicher Heterogenität beschrieben haben. Es geht um das Leben in einer lebendigen Vielfalt, die deutlich mehr Chancen als Gefahren beinhaltet, wenn man nicht versucht, sie schon im Ansatz durch ein kontrolliertes „Diversity Management" zu beschränken.

Der Aufruf zu mehr (Selbst-)Verantwortung beinhaltet an dieser Stelle keine inhaltlichen Vorgaben, sondern erfordert allein eines: die ernsthafte Auseinandersetzung mit dem eigenen Tun und der Vielfalt der Möglichkeiten – als Gegenbewegung zu individueller Beliebigkeit, die die eigene Unverbindlichkeit für Freiheit hält.

# 8 Von der Einfalt zur Vielfalt oder die Liebe zum Denken

Und was soll aus mir werden?
Ein Neugieriger.
Das ist zwar noch kein Beruf,
aber es wird bald einer sein.

François Truffaut („Jules und Jim")

**Grundsätzlich scheint die Vielfalt etwas sehr Positives zu sein:** Die Artenvielfalt im Tier- und Pflanzenreich ist in jedem Fall zu erhalten, ein vielfältiges Angebot spricht für jeden Supermarkt, und unseren Urlaub füllen wir gern mit vielfältigen Freizeitaktivitäten. Dennoch scheinen wir uns beim Denken gern auf das zurückzuziehen, was immer schon gut und richtig schien. Wer versucht in Diskussionen schon mal ernsthaft die Position seines Gegenübers einzunehmen, wer beschäftigt sich wirklich so mit anderen Kulturen, dass er das Anderssein des Nachbarn als Bereicherung verstehen kann? Dass dies auch nicht jederzeit möglich ist, dass uns oft die Zeit und das Interesse dafür fehlen, soll hier nicht bestritten werden. Aber das heißt eben nicht, dass schnell hingeworfene Urteile oder das Pflegen der eigenen Vorurteile deshalb in Ordnung wären.

Wenn es uns aber um ein Umdenken geht, dann werden wir um die Beschäftigung mit der Vielfalt nicht herumkommen. Denn, und dieses

Argument ist am Ende meiner Ausführungen nach wie vor bestechend einfach: Das Leben ist geprägt durch Vielfalt, ob wir sie verstehen oder nicht, ob wir sie mögen oder ablehnen, theoretisch reduzieren oder geistig beschränken wollen, sie wird sich nicht an ein einfältiges Gedankensystem anpassen, nur weil es für manche von uns einfacher wäre.

Wie also lernen wir, besser mit ihr zu leben, wie können wir durch eine andere Art des Denkens sogar einen persönlichen Gewinn aus der Tatsache ziehen, dass es offenbar verschiedene Arten gibt, sein Leben richtig zu leben?

Auch die Philosophie hat auf diese Fragen keine letzte Antwort, was sowohl im Wesen der Frage wie auch in der Eigenart des philosophischen Denkens liegt; aber sie macht an manchen Stellen deutlich, welche Möglichkeiten es gibt, die uns zur Verfügung stehenden Lebensarten selbst besser verstehen zu lernen. Der Blick auf das „Jetzt", den Moment, in dem ich beginne, mich selbst, mein Denken zum Thema zu machen, ist der erste Schritt zu einem philosophischen Selbstverständnis und kann auf völlig verschiedenen Paradigmen, Vorlieben und Prägungen aufbauen. Zentral ist nur, dass genau diese ganz persönlichen Bedingungen zum Vorschein kommen, wenn ich beginne, mich selbst zu reflektieren. Auf welche Weise aber findet diese Reflexion statt? Nicht in der einsamen Studierstube oder umgeben von Bücherregalen, auch nicht im selbst gewählten Rückzug in die Innerlichkeit, sondern mitten im Alltag, in Momenten oder Augenblicken, in denen es uns gelingt, das scheinbar Selbstverständliche einmal neu in den Blick zu nehmen. Den Weg zur Arbeit, das Gespräch mit der Kollegin, die Tatsache, dass wir in einem Land leben, das uns ermöglicht, jeden Morgen zwischen zehn verschiedenen Brötchensorten zu wählen – fast jede Situation ist es wert, bedacht zu werden, und wir haben die Möglichkeit, diejenigen auszuwählen, mit der die eigene Reflexion beginnen soll. Dazu werden im nächsten Kapitel verschiedene philosophische Typisierungen dargestellt, die die Vielfältigkeit des Lebens auf sehr eigene Weise angehen und vielleicht die eine oder andere Anregung bereithalten.

## Der Umgang mit dem „Jetzt“: Der Künstler, Abenteurer und Spieler

Sören Kierkegaard hat in seinen Schriften den subjektiven vom objektiven Denker unterschieden, Nietzsche den theoretischen vom intuitiven Menschen getrennt und Simmel geht noch einen Schritt weiter, wenn er den „Künstler, den Abenteurer und den Spieler“ als eigene Menschentypen darstellt, die im philosophischen Umgang mit dem Leben eine besondere Betrachtung verdienen. Alle drei Typen messen nach Simmel dem Leben im „Jetzt“, eine Bedeutung bei, die sich aber immer auf das Andere – und damit auch das Zukünftige – bezieht. Das „Jetzt“ ist nicht mehr als eine schlichte Beschreibung der uns zugänglichen Zeitdimension, die aber nichts damit zu tun hat, sich ohne Sinn für alles, was kommt, einer Feier des Moments auszuliefern.

Ganz im Gegenteil versteht Simmel den „Moment“ (ähnlich wie Kierkegaard den „Augenblick“ betont) als ein zeitliches Symbol, das bereits das ganze Leben in sich trägt und immer seinen Platz im großen Ganzen beibehält. So gelingt dem Abenteurer, der das Abenteuer zu einer Art Insel in der Zeit ausbaut, was der Philosoph des Lebens anstrebt: Er formt aus der Systemlosigkeit des Lebens ein System. Wer diesen Gedanken in seiner ganzen Konsequenz denkt, betrachtet laut Simmel das ganze Leben als Abenteuer, als eine geistige Herausforderung und behandelt „das Unberechenbare des Lebens so, wie wir uns sonst nur dem Berechenbaren gegenüber verhalten. (Darum ist der Philosoph der Abenteurer des Geistes. Er macht den aussichtslosen, aber darum noch nicht sinnlosen Versuch, ein Lebensverhalten der Seele, ihre Stimmung gegen sich, die Welt, Gott, in begriffsmäßige Erkenntnis zu formen. Er behandelt dies Unlösbare als wäre es lösbar).“

Damit gewinnt er eine Haltung zum Leben, die man mit Nietzsches Worten als eine trotzige „Philosophie des Als-ob“ bezeichnen könnte. Allerdings eher im Sinne eines Trotzdem und weniger als eine bockige Form philosophischer Starrköpfigkeit. Dahinter steht auch bei Nietzsche ein bedingungsloses „Ja“ zum Leben, das die Lebendigkeit in all ihrer Rätselhaftigkeit annimmt und es gerade dafür schätzen lernt. Das

Schöpferische macht bei Nietzsche den intuitiven Zugang zur Welt aus, das sich ähnlich wie bei Simmel dem Leben voller Neugier nähert, ohne es sezieren oder analysieren zu wollen. Auch der Abenteurer bei Simmel macht sich neugierig auf den Weg, das Leben kennenzulernen, ohne es in einer umfassenden Erklärung gefangen zu nehmen. Das Abenteuer selbst erscheint dabei als eine abgegrenzte zeitliche Episode, die durch diese (zeitlichen und inhaltlichen) Grenzen so etwas wie Überschaubarkeit suggeriert.

Dem Abenteurer des Geistes ist es möglich, sich intuitiv von einer Episode zu einer anderen zu bewegen, dabei aber weiterhin im Blick zu behalten, dass das dahinterstehende Ganze ein vollständig unüberschaubares Phänomen bleibt. Ganz ähnlich verhält es sich nach Simmel mit dem Menschentypus des Spielers oder des Künstlers: Beide nutzen ein Fragment der lebendigen Welt, nämlich das Spiel oder das Kunstwerk, um sich anhand dieser Teilwelt für einen bestimmten Zeitraum einem ausgewählten System oder Gegenstand zu unterstellen und sich aus der völligen Unübersichtlichkeit zu befreien. Dennoch ist es auch dem Spieler und dem Künstler eigen, dass sie sich dieses Verhältnisses bewusst sind und nicht auf den Gedanken kämen, das Spiel oder das Kunstwerk als kontrollierbares Abbild des Lebens misszuverstehen. Interessant ist an dieser Stelle wiederum, wie wir unser eigenes Denken dazu ins Verhältnis setzen können: Empfinden wir einen solchen Denkansatz als schwachen Trost oder gar als das Scheitern an den Idealen der eigenen Erkenntnisfähigkeit?

Der Philosoph George Steiner hat das Denken in seinem jüngsten Buch „Warum Denken traurig macht“ zu einer Quelle der Traurigkeit erklärt, weil es uns permanent deutlich mache, wie wenig wir denken, wie wenig wir wissen können. Aber darin liegt bereits die Vorstellung verborgen, dass wir glücklicher wären, wenn wir alles wüssten bzw. alles wissen könnten. Aber: Woher wollen wir das wissen?

Schon Friedrich Schlegel hat sich 1801 einmal verwundert gefragt, was denn so furchtbar schlimm an der „Unverständlichkeit“ sei und ob wir uns nicht glücklich schätzen sollten, an manchen Stellen in Unkenntnis bleiben zu können. Die Quelle unserer Traurigkeit ist viel weniger das

Denken selbst als das Scheitern an einem selbst konstruierten Ideal, das wir ebenso gut aufgeben könnten, wenn wir ihm denn nicht traditionell und sehr oft unbedacht verhaftet blieben.

Die Alternative dazu ist die Auslegung – also die hermeneutische Vorgehensweise –, die aber oft mit dem Makel der Unentschlossenheit oder der Unklarheit behaftet bleibt: Wenn alles nur Interpretation ist, worauf können wir uns dann noch verlassen? Wo bleibt unser Wunsch nach Sicherheit und klaren Ansagen? Darauf kann es eben nur die Antwort geben: in der eigenen Interpretation, der uns eigenen Perspektive, die wir uns an-eignen, weil sie uns entspricht. Damit müssen wir viel weniger ändern oder neu erfinden – es gilt schlicht, sich in aller Ernsthaftigkeit dem zu widmen, was wir sowieso schon tun. Das erscheint vielen Menschen aber wenig ergiebig und zugegebenermaßen ist es einfacher, sich von einem Denkmuster zu verabschieden und sich dem nächsten Angebot zuzuwenden, als darüber nachzusinnen, welche Rolle unser eigenes Denken bei der Entwicklung einer Weltanschauung spielt. Und das ist ganz sicher nicht der Aufruf zu einer Baumarkt-Philosophie des simplen „Do-it-yourself", sondern es geht um die Einsicht, dass wir selbst eine wichtige Rolle in dem spielen, was uns als Welt – auch als geistige – erscheint. Aus dieser Rolle und der damit verbundenen Verantwortung kommen wir nicht heraus, aber wir tun viel und manchmal alles dafür, um uns dieser Tatsache nicht zu stellen.

So führt selbst der ernst gemeinte Wunsch nach Veränderung oder einer neuen Perspektive häufig genug dazu, nur ein neues Kapitel derselben Geschichte aufzuschlagen, sich also nicht um ein anderes Denken zu bemühen, sondern das Denken als solches zu vermeiden. Aber ist es wirklich der Zustand der Gedankenlosigkeit, von dem wir uns so viel versprechen? Die allgemeine Bedeutung dieses Wortes legt es nicht gerade nahe: Was wir offenbar suchen, ist die Freiheit von der Last des Denkens, wenn es uns durch Grübelei und Zweifel in der Unsicherheit zurücklässt. Einen Ausweg aus diesem Kreislauf des Zergrübelns bietet allein die Ausbildung einer stabilen Persönlichkeit, die sich ihrer selbst bewusst ist und damit einen gesunden Abstand zu den geistigen Trends und Moden der Gegenwart wahren kann.

## Der Wert der eigenen Persönlichkeit

> Persönlichkeit wird der Mensch
> nur, indem er sich um die Sachen kümmert,
> in Tätigkeit und Handeln in der Welt etwas
> hervorbringt.
>
> Karl Jaspers

In einem Gespräch mit dem Dichter Christoph Martin Wieland verteidigt der junge Arthur Schopenhauer seine Entscheidung, Philosophie zu studieren, mit den Worten: „Das Leben ist eine missliche Sache, ich habe mir vorgesetzt, es damit hinzubringen, über dasselbe nachzudenken".

Die Misslichkeit, die Schopenhauer anspricht, bezieht sich auf all die vielfältigen Möglichkeiten, seinem Leben Gestalt zu geben, ohne zu wissen, ob sich darin so etwas wie ein glückliches oder gelungenes Leben finden wird. Schopenhauers Bemühungen, über diese Misslichkeiten nachzudenken, hat verschiedene Ergebnisse zutage gefördert, in seinem Spätwerk aber machen zum einen die „philosophische Heiterkeit" (die ähnlich wie Nietzsche das Leben in seiner Widersinnigkeit bejaht) und zum anderen die Ausbildung einer eigenen Persönlichkeit die Säulen eines in seinem Sinne gelungenen Lebens aus. Schopenhauer gilt die Persönlichkeit als einzige Quelle des Glücks, nur sie sei uns unmittelbar gegeben. Er beschreibt verschiedene Voraussetzungen dafür, die persönlichen Qualitäten möglichst weit ausbauen zu können: „Ein aus vollkommener Gesundheit und glücklicher Organisation hervorgehendes, ruhiges und heiteres Temperament, ein klarer, lebhafter und richtig fassender Verstand, ein gemäßigter, sanfter Wille und demnach ein gutes Gewissen, dies sind die Vorzüge, die kein Rang oder Reichtum ersetzen kann".

Diese Qualitäten sind nach Schopenhauer Garanten für einen maßvollen und klugen Umgang mit den eigenen Fähigkeiten und die Voraussetzung für die wachsame Betrachtung der Welt um sich herum. Das „gute Gewissen" ist an dieser Stelle der sich daraus ergebende Ausdruck eines authentischen Selbstverständnisses, das nicht auf äußere Anerkennung angewiesen ist (auch wenn es sie weiterhin wertschätzt). Sofern die Persönlichkeit und der Geist des Einzelnen aber leer und einfallslos bleiben, stellen sich nach Schopenhauer Langeweile und die Suche nach Geselligkeit und Zerstreuung ein. Diese Ansicht können wir sicher auch heute noch bestätigen.

Auch Georg Simmel stellt den Bereich der eigenen Persönlichkeitsentwicklung ins Zentrum seiner späten Lebensanschauung. Diese Entwicklung müsse sowohl die subjektive (die innere geistige) wie die objektive Welt (das, was der menschliche Geist an Institutionen über die Zeit geschaffen hat, wie Sitten, Gesetze, gesellschaftliche Systeme etc.) berücksichtigen, denn jeder Bereich allein führe zu einer Distanzierung vom eigenen Wesen. Bei der Betonung der subjektiven Kultur entstehe das Extrem des „Säulenheiligen", in der rein objektiven Kultur entstehe der „im Fachfanatismus eingeschlossene Spezialist".

In beiden Fällen aber fehle es an der der tatsächlichen Ausbildung einer Persönlichkeit. Dadurch entsteht die schon im Kapitel über Bildung beschriebene Diskrepanz: „[...] wir werden belehrt, werden zwecktätiger, reicher an Genuss und Fähigkeiten, vielleicht auch ‚gebildeter' – aber unsere innere Kultivierung hält damit nicht Schritt, denn wir kommen so zwar von einem niedrigeren Haben und Können zu einem höheren, aber nicht von uns selbst als den Niedrigeren zu uns selbst als den Höheren."

Das persönliche Glück kann also nur bedeuten, dass der Schwerpunkt des Menschen in ihm selbst liegt: Er darf nicht an Äußerlichkeiten hängen, sich aber ebenso wenig völlig von der Außenwelt lossagen. Daraus entsteht eine Balance, in der sich der Einzelne „in aller Heiterkeit" der äußeren Welt zuwenden kann, weil er sich seiner eigenen Persönlichkeit sicher ist. Diese Form der Heiterkeit kann zwar die Schwere des Daseins nicht aufheben, aber sie ist für eine reiche Persönlichkeit die Möglichkeit, das Leben mit einem geistigen „Trotzdem" zu ertragen. Diesen Gedanken nimmt Nietzsche in seinem Bezug zur heiteren Lebensart der griechischen Antike wieder auf, die die Rätsel des Lebens mit einer Liebe zum Schicksal beantwortet. In der Betonung der Heiterkeit, der in Schopenhauers Philosophie erst sehr spät eine zentrale Bedeutung zukommt, kündigt sich eine Haltung zum Leben an, die bei Friedrich Nietzsche, Anhänger Schopenhauers, später in ein kompromissloses „Ja“ zum Leben mündet – trotz aller Widrigkeiten und Grenzen. Nietzsche geht es um eine positive Form der Lebenskunst, die er mit der „Liebe zum Schicksal“ (amor fati) beschreibt. Diese Liebe bezieht all die Rätselhaftigkeiten und schmerzhaften Seiten des Lebens mit ein, ohne sich dabei einer passiven und oberflächlichen Akzeptanz dessen, was ist, auszuliefern. Nietzsche geht es ganz im Sinne eines persönlichen Aufbruchs darum, in der Ambivalenz des Lebens einen entschlossenen Optimismus zu entfalten.

## Die Kunst des „amor fati“

Dieser Optimismus baut auf all dem auf, was in den vergangenen Kapiteln zur Sprache gekommen ist: der Hoffnung, dem Vertrauen, der Wahrnehmung und dem Glauben an ein Glück, das sich aus einer inneren Balance und nicht aus der Abwesenheit von Leid ergibt. Die Basis dafür ist ein Denken, das sich dem Leben zuneigt und es dennoch skeptisch im Blick behält, sich also keinerlei Illusionen hingibt.

Friedrich Nietzsche wehrt sich in seinen Arbeiten immer wieder gegen den menschlichen Rückzug in selbst konstruierte Illusionswelten, die so etwas wie Kontrolle oder Sicherheit vorgaukeln. Wie wir bereits im Zusammenhang mit dem wissenschaftlichen Denken gesehen haben, sieht Nietzsche nicht in der Erkenntnis den eigentlichen Wert des menschlichen Geistes, sondern in seiner schöpferischen Qualität, die darauf angewiesen ist, die Welt in all ihrer Unabgeschlossenheit wahrzunehmen – sie also nicht und wenn nur sehr bewusst durch Illusionen zu verschleiern.

In diesem Zusammenhang nennt Nietzsche drei verschiedene Illusionsstufen, die die Schwere des Daseins erleichtern können (und damit positiv zu werten sind, wenn sie nicht als Wahrheiten missverstanden werden): Die niedrigste ist der Glaube an die Erkenntnismöglichkeiten der Wissenschaft, die darauf aufbauende ist der künstlerische Blick, der die dunklen Seiten der Welt durch die Schönheit verschleiert, und die höchste

Stufe ist die tragische Weltanschauung, die das Leben als Herausforderung annimmt, obwohl sie um seine Sinnlosigkeit und Vergänglichkeit weiß. Diese höchste Stufe des Geistes sieht Nietzsche auf die vollkommenste Weise in der griechischen Mythologie erreicht. Die griechische Tragödie ist für ihn eine Kunstform, die in der Lage ist, beide sich widerstreitenden Wesenszüge des Menschen – Wille und Vernunft – in sich zu vereinen. Aus der Tragödie erwachse der Trost, „das das Leben im Grunde der Dinge trotz allem Wechsel der Erscheinungen unzerstörbar mächtig und lustvoll" sei.

In seiner frühen Schrift „Die Geburt der Tragödie aus dem Geiste der Musik" formuliert Nietzsche diese Lebenshaltung einer „griechischen Heiterkeit", die das höchste Verstehen und Annehmen des Lebens darstelle, zu dem der Mensch in der Lage sei. Damit ist eine „Liebe zum Schicksal" gemeint, die Nietzsche später in seiner „Fröhlichen Wissenschaft" mit dem Begriff „amor fati" beschrieben hat: „Ich will immer mehr lernen, das Notwendige an den Dingen als das Schöne sehen: – so werde ich Einer von Denen sein, welche die Dinge schön machen. Amor fati: das sei von nun an meine Liebe! Ich will keinen Krieg gegen das Hässliche führen. Ich will nicht anklagen, ich will nicht einmal die Ankläger anklagen. Wegsehen sei meine einzige Verneinung! Und, Alles in Allem und Großen: ich will irgendwann einmal nur noch ein Ja-sagender sein!"

Dieses „Ja" zeichnet sich nicht durch das gedankenlose Annehmen irgendeines vermeintlichen Schicksals aus, sondern durch die Einsicht, dass nur durch die Zuneigung zu dem unverständlichen Prinzip des Lebens ein erfülltes Leben möglich ist. Nicht die Skepsis, nicht die Abstraktion, die Wissenschaft oder die Medien werden uns letzte Antworten liefern können, sie können uns Orientierung, Methoden oder auch Ablenkung und Zerstreuung bieten, je nachdem, wonach wir fragen.

Wenn wir also in einer Zeit, die ihre Antworten und Inhalte so begeistert in technischen Neuerungen und virtuellen Welten sucht, tatsächlich zu diesem „Ja" gelangen wollen, dann müssen wir uns wieder an unser soziales Miteinander erinnern. Es geht nicht um eine Ablehnung oder Verurteilung dessen, was wir Fortschritt nennen, sondern um die

Betonung dessen, was diesem Fortschritt an Menschlichkeit abhanden gekommen ist.

Wenn wir Zuneigung oder Zugeneigtheit uns selbst und anderen Menschen gegenüber als Basis für ein gemeinsames Handeln denken, dann entstehen völlig neue Perspektiven, die alle Seiten unseres Menschseins einbeziehen und dem standhalten können, was in dieser Vielfalt nicht zusammenpasst: Dem Irrationalen, Emotionalen, den instinktiven Reaktionen oder intuitiven Handlungen ebenso wie der rationalen Welt der abstrakten Erkenntnis mit all ihren Grenzen.

Die Mischung aus Sinnlichkeit und Abstraktion – in jedem Einzelnen genauso wie in einem Kollektiv – ist die Quelle tatsächlicher Innovation, die wir so dringend brauchen für kreative Entwicklungen und neue Ideen, die meist so ganz anders daherkommen, als wir es uns vorgestellt haben, und die nur deshalb manchmal unerkannt an uns vorbeiziehen.

Genau dieser Umgang mit Überraschungen, mit dem Gefühl, dass jeder Moment ein wesentlicher sein könnte, und dem eigenen Wissen bzw. Nicht-Wissen ist es, was das Suchen und Finden der eigenen Persönlichkeit begleiten muss, damit wir fündig werden.

Wenn wir uns also weiterhin in einem Denken des „Entweder-oder", des rein Subjektiven oder Objektiven, der Welt der Theorie oder der Praxis, des Außen oder Innen aufhalten, dann werden wir dieses von Nietzsche geforderte „Ja" zum Leben niemals formulieren, niemals empfinden können. Viel zu oft noch erscheint uns der rein rationale Weg als lobenswerte Suche nach dem Wesentlichen (erinnern wir uns an die fünf Schritte, die Peter Kruse für den Umgang mit Komplexität formuliert hat), die sich dadurch auszeichnet, die eigenen Gefühle als verwirrend beiseitezuschieben. Dieser Vorgehensweise aber haftet mit den Worten Hermann Hesses etwas „Gewaltsames" an, das das Ungerade um jeden Preis gerade biegen will: „Der Weg vom Suchen zum Finden ist nicht gerade, und Wille und Vernunft genügen nicht, um ihn zu gehen. Man muss horchen, lauschen, warten, träumen können, Ahnungen offen stehen. Mehr weiß ich nicht."

Um in diesem Sinne also einen Aufbruch im Denken zu wagen, müssen wir vertrauen lernen, dass auch ohne die alten Denkmuster etwas zum Vorschein kommt, das sinnvoll und gut ist. Viele der Zweifel, Sehnsüchte und Schwierigkeiten der Gegenwart sind eher einem Mangel an Liebe, Zuneigung und Vertrauen geschuldet und liegen weit weniger im System oder irgendwelchen Grenzziehungen begründet.

Levinas hat in diesem Sinne bereits in seiner Kritik an Heideggers Philosophie ein Denken gefordert, das wieder berührt, das sich seinem Gegenstand wahrhaftig zuneigt und nicht in der Distanz der Abstraktion verbleibt. Um diese Kluft zu überwinden, braucht es Erlebnisse, Erfahrungen, persönliche Vorlieben und Abneigungen, die uns nur das chaotische Leben selbst lehren kann. Und es braucht Lust, Mut und Neugier, um sich diesem Leben zu widmen. Der chilenische Philosoph Humberto Maturana sieht in dieser Liebe zum Leben das, was uns von den Tieren unterscheidet, was uns also auch in der Fähigkeit zu denken eigentlich erst zu Menschen macht. Er folgert: „Wenn wir aufhörten, Emotionen abzuwerten, dann könnten wir erkennen, dass Liebe uns zu der besonderen Art von Tieren macht, die wir als menschliche Wesen sind. Wir könnten dann aber auch verstehen, dass wir eben deshalb, weil wir durch Liebe menschlich geworden sind, physiologisch abhängig von Liebe sind und dass der Verlust von Liebe unser psychisches und körperliches Wohlbefinden gefährdet."

Wenn wir also wieder lernen, diese Liebe und Reflexion als Grundlage für Erkenntnisprozesse zu nutzen, verändert sich mit diesem Standpunkt auch die Ausrichtung des eigenen Handelns – selbst in so scheinbar lieblosen Bereichen wie Politik, Wirtschaft und Finanzwesen. Damit bedeutet auch Nietzsches „amor fati" nicht nur eine philosophische Ausrichtung, sondern beschreibt die Essenz eines Denkens, das in der Lage ist, mit dem Kopf und dem Herzen zu denken und beide in einen fruchtbaren Austausch miteinander zu bringen – für welche Fragestellung auch immer. Nicht mehr und nicht weniger bedeutet ein Aufbruch im Denken, der die Weichenstellung der eigenen Gedanken so maßgeblich beeinflusst, dass er gerade in Zeiten großer Unsicherheit für eine eigene, innere Stabilität sorgen und – richtig glücklich machen kann. Allein deshalb, um mit den Worten des praktischen Philosophen Wilhelm Schmid zu schließen, weil die Suche nach dem „Glück" dann nicht mehr das Wichtigste im Leben zu sein braucht und wir uns tatsächlich auf das Abenteuer des Denkens einlassen können.

# 9 Anhang

## Weiterführende Schriften

Im Anhang werden die Werke angeführt, die in den jeweiligen Kapiteln zitiert werden, aber auch weiterführende Schriften und Texte, die ausführlichere Informationen zu den zentralen Gedanken bieten.

### Vorbemerkung

Das Eingangszitat stammt aus Martin Heideggers Text *Aus der Erfahrung des Denkens* (1947), in: Martin Heidegger GA, III. Abteilung: *Unveröffentlichte Abhandlungen – Vorträge – Gedachtes,* Band 81: *Gedachtes,* hrsg. von Paola-Ludovika Coriando, Tübingen 2007.

### Zum Begriff des Denkens:

Zu der Frage, ob wir überhaupt schon „denken", lohnt sich außerdem die Lektüre von Martin Heideggers Schrift *Was heißt Denken?* (Vorlesung aus dem Wintersemester 1950/51), in der er bereits vor über 50 Jahren folgende Bedenken geäußert hat: „Das Bedenklichste ist, dass wir noch nicht denken; immer noch nicht, obgleich der Weltzustand fortgesetzt bedenklicher wird. Dieser Vorgang scheint freilich eher zu fordern, dass der Mensch handelt und zwar ohne Verzug, statt in Konferenzen und Kongressen zu reden und sich im bloßen Vorstellen dessen zu bewegen, was sein sollte und wie es gemacht werden müsste. Somit fehlt es am Handeln und keineswegs am Denken. Und dennoch – vielleicht hat der bisherige Mensch seit Jahrhunderten bereits zu viel gehandelt und zu wenig gedacht."

Eine der zentralen Ideen dieses Buches lautet: „Das Denken handelt, indem es denkt". Der Satz stammt ebenfalls von Heidegger, aus dem *Brief über den Humanismus* (1947), in: *Platons Lehre von der Wahrheit*, Bern 1947.

Einen sehr schönen Text zur Frage, was Philosophie überhaupt ist, bzw. sein kann, hat Karl Jaspers geschrieben: *Was ist Philosophie?* in: *Einführung in die Philosophie*, München 1953, Sonderausgabe 2004, S. 9-16.

Zur Frage der eigenen Verantwortung im Denken und die Anmerkungen am Ende der Vorbemerkung kommt ebenfalls Karl Jaspers zu Wort, die Zitate stammen aus seiner *„Psychologie der Weltanschauungen"*, 6. Auflage, Berlin/Heidelberg/New York 1971. „Ich denke also bin ich": René Descartes begründete in seinen *Meditationes de prima philosophia* (1641) mit dem Schlüsselsatz: „Cogito ergo sum" die neuzeitliche Philosophie, die das „Ich" ins Zentrum des philosophischen Denkens stellte und damit eine Aufspaltung von Subjekt und Objekt im Denken nach sich zog.

Die Gedanken zu Harry G. Frankfurts Begriff „bullshit" finden sich in der sehr lesenswerten kleinen Schrift Bullshit, FfM 2006.

**Zur Krise des Geistes:**

Den Bezug zum Begriff der „geistigen Krise" stellt der Text von Paul Valéry *Die Krise des Geistes* (1919) sehr schön dar: „Die wirtschaftliche Krise ist in voller Stärke sichtbar; aber die geistige Krise, die heimlicher ist und ihrem Wesen nach die täuschendsten Formen annimmt (...), sie lässt nur schwer ihren wirklichen Grad, ihr Stadium erkennen. (...) Noch weiß niemand, welche Gedanken und welche Worte man auf die Verlustliste setzen, was an Neuem man verkünden wird." in: Kulturphilosophie, hg. von Ralf Konersmann, Stuttgart, 1998, Zitat auf S. 60.

## Kapitel 1

### Die Herrschaft des Niemand oder der Sieg der Gedankenlosigkeit

Zu den Gedanken Bertrand Russells lohnt sich seine Schrift *Lob des Müßiggangs*, München 2002.

Die Gedanken Henri Bergsons, die hier zum Teil sehr ausführlich wiedergegeben werden, finden sich in der Essaysammlung *Denken und schöpferisches Werden*, hg. von Friedrich Kottje, FfM 1985, sowie seinem Hauptwerk *Schöpferische Entwicklung* (1927), Zürich 1927.

Die „Bedenklichkeit" bezieht sich wiederum auf den schon angeführten Text *Was heißt Denken?* von Martin Heidegger.

Zur Idee der Welt als einer sprachlichen Schöpfung des Menschen ist der Text von Friedrich Nietzsche sehr zu empfehlen: *Über Wahrheit und Lüge im außermoralischen Sinne* (1873), in: Krit. Studienausgabe Band 1, hg. von Giorgio Colli und Mazzino Montinari, München 1980, S. 875-890.

### Zur Bürokratie:

Die Bewertung der „Bürokratie" findet sich bei Max Weber in *Wirtschaft und Gesellschaft. Grundriß einer verstehenden Soziologie* (1921/22), hg. und erweitert von J. Winckelmann; 5. Aufl. Tübingen, 1972, S. 125/26.

Ein paar Zahlen zum Stand der bürokratischen Gegenwart: Im Oktober 2007 gelangten statistisch fundierte Zahlen über die Bürokratiebelastung der deutschen Unternehmen durch den Bund an die Öffentlichkeit. Eine Berechnung der durch die Bürokratie des Bundes verursachten Kosten für die deutsche Wirtschaft, die vom Statistischen Bundesamt vorgenommen wurde, bezifferte die Kosten auf 31,2 Mrd. Euro. Verursacht wird die Bürokratiebelastung durch rund 90.000 Vorschriften, die deutsche Unternehmer einzuhalten und zu beachten haben. Derzeit existieren alleine auf Bundesebene gut 1.800 Einzelgesetze mit mehr als 55.000 Einzelnormen; darüber hinaus umfassen 2.728 Rechtsverordnungen rund 40.000 Einzelvorschriften. Vgl. dazu auch die Internetseite des Statistischen Bundesamtes zum Abbau von Bürokratie sowie http://www.bundesregierung.de/buerokratieabbau.

Das Zitat Hannah Arendts „Die Herrschaft des Niemand, die eigentliche Staatsform der Bürokratie" findet sich in ihrem Werk *Eichmann in Jerusalem*, München 2004, S. 59.

**Zur Bedeutung des eigenen Denkens:**

Zum Begriff der „Masse", der von einem rein quantitativen Begriff zu einer qualitativen Bewertung geworden ist, sind die Gedanken des spanischen Philosophen José Ortega y Gasset lesenswert, der schon Ende der 1920er Jahre den Begriff der „Masse" ins Zentrum seines Buches stellte. Für ihn kann auch ein Einzelner schon „Masse" sein (eher im Sinne einer breiigen und unbestimmten Existenzform, die durch ihr eigenes Dasein wabert) – eben dann, wenn er sich aus dem eigenen Denken vollständig zurück gezogen hat, in: *Der Aufstand der Massen*, München 2002.

Der Philosoph Johann Gottfried Herder hat in seiner *„Abhandlung über den Ursprung der Sprache"* (1770), Stuttgart 1986, den Begriff der „Besonnenheit" als Beschreibung für die Fähigkeit der menschlichen Selbstreflexion als die eigentliche Gabe zur Gestaltung der Welt herausgestellt und damit zugleich die Verbindung von Reflexion und dem Erkennen von Sinnzusammenhängen betont.

Hannah Arendt: Das Denken im „Dazwischen" wird in *„Vita activa. Oder vom tätigen Leben"* näher ausgeführt.

**Zur Destruktion im Denken:**

Den Begriff der „Destruktion" führt Martin Heidegger in seinem Hauptwerk *„Sein und Zeit"* (1927) ein, um das Abtragen von Bedeutungsschichten deutlich zu machen. Erst wenn diese Schichten verschwunden sind, wird die Einsicht in das Wesen des Seins überhaupt möglich. Insbesondere in der französischen Interpretation durch Jacques Derrida wird der Begriff zur „Dekonstruktion" erweitert, um den Aspekt des Wiederaufbaus deutlich zu machen, der auf die reine Destruktion folgen sollte.

**Zur Freude am Denken:**

Zur „Freude" am Spiel ist das Interview mit dem chilenischen Philosophen Humberto Maturana im Wirtschaftsmagazin brand eins zum Thema „Spielen" (Juni 2006) überaus erfreulich zu lesen.

In der Textsammlung *Denken ohne Geländer* (München 2007) findet sich der prägnante Text von Hannah Arendt *Denken ist subversiv*, in dem sie die sokratische Philosophie wie beschrieben darstellt.

Zum Vergleich ist auch Karl Jaspers' *Die geistige Situation der Zeit* (1932) sehr erhellend, 9. Aufl. Berlin/New York 1999.

Die *Berliner Rede* des Bundespräsidenten Horst Köhler vom 24. März 2009 ist unter: http://www.bundespraesident.de (Reden und Interviews) nachzulesen.

Ein sehr zu empfehlendes Buch über die Andersartigkeit eines „neuen" Denkens, das eher das Verbindende als das Trennende im Blick behält, ist in diesem Zusammenhang Bernhard von Mutius' *Die andere Intelligenz*, Stuttgart 2006.

## Kapitel 2

**Denken ist Handeln:**

Friedrich Schillers Ideen über die Selbständigkeit des Geistes finden sich in *Über die ästhetische Erziehung des Menschen in einer Reihe von Briefen*, hg. von Klaus L. Berghahn, Stuttgart 2000.

Das Zitat zu den „gewetzten Messern" verwendet Martin Heidegger in einer frühen Vorlesung: Grundprobleme der Phänomenologie (WS 1919/20), in: Gesamtausgabe Bd. 58, S. 4.

Karl Albert hat das Denken der Lebensphilosophie sehr umfassend beschrieben in seinem Buch: *Lebensphilosophie – von den Anfängen bei Nietzsche bis zu ihrer Kritik bei Lukács*, Freiburg/München 1995, S. 12.

**Zum Begriff der Authentizität:**

Authentizität (griech.: Glaubwürdigkeit) ist eine positiv beurteilte Eigenschaft (z. B. demokratischer Institutionen und Verfahren), die subjektive Zustimmung erzeugt (z.B. aufgrund der Glaubwürdigkeit, Zuverlässigkeit). Da moderne Demokratien auf die subjektive, individuelle Zustimmung ihrer Staatsbürger angewiesen sind, ist Authentizität ein wichtiges Gütekriterium. In: Klaus Schubert/Martina Klein: *Das Politiklexikon*, 4. aktual. Aufl., Bonn 2006.

**Zum Bereich der Hirnforschung:**

Drei Beiträge von Wolf Singer zu den Möglichkeiten der freien Entscheidung (die zu einem selbst bestimmten Handeln natürlich dazu gehört) und die Frage des Menschenbildes, das daraus entsteht:

*Selbsterfahrung und neurobiologische Fremdbeschreibung. Zwei konfliktträchtige Erkenntnisquellen* (Max-Planck-Institut für Hirnforschung, Frankfurt/Main), erschienen in: Deutsche Zeitschrift für Philosophie, Mai 2005; ein Beitrag in der Frankfurter Allgemeinen Zeitung: *Entscheidungsgrundlagen*, FAZ vom 8.01.2004; der Vortragstext *Wann und warum erscheinen uns Entscheidungen als frei?*, im Rahmen der Tagung zur „Freiheit des Denkens“ am Philosophicum Lech 2005.

Einen guten Überblick verschafft auch der Sonderband der Deutschen Zeitschrift für Philosophie 12/2006, hg. von Hans-Peter Krüger: *Hirn als Subjekt? Philosophische Grenzfragen der Neurobiologie.*

Eine sehr viel vorsichtigere Position nimmt der Neurowissenschaftler Gerald Hüther ein in seinem Buch *Bedienungsanleitung für ein menschliches Gehirn*, Göttingen (2001), 2009, S. 9.

Auch der Artikel von Georg Rüschemeyer in der „F.A.S.“ vom 10. Mai 2009 (Nr. 19, S. 64) zeigt prägnant die kritischen Aspekte der scheinbaren Klarheit bildgebender Verfahren auf.

Ein wichtiges Buch zur Rolle des freien Willens aus philosophischer Sicht ist nach wie vor Peter Bieris *Das Handwerk der Freiheit,* FfM, 2003. Dazu auch ein Zitat aus einem Zeitungsinterview. Bieri antwortet auf die Frage, was passierte, wenn wir das Vertrauen in ein eigenverantwortliches Handeln verlören: „Es wäre ein Alptraum. Wir würden alles verlieren, was uns an menschlichen Beziehungen wichtig ist. Stellen Sie sich vor, wir wachten morgens auf und hätten die Sprache des Handelns, Wollens und Begründens vergessen. Wir wüssten nicht, wie wir den Menschen um uns herum begegnen sollten. Wir wären füreinander nur noch Meteoriten – unverständliche Körper, denen man besser aus dem Weg geht. Wir haben die Sprache des Geistes und des freien Willens geschaffen, um die anderen und uns selbst als Personen sehen zu können." (Tagesspiegel, 24.09.2004)

Die Position der Philosophie und die „Uneinnehmbarkeit" der menschlichen Subjektivität verteidigt außerdem der Philosoph Manfred Frank in einem Gespräch mit der ZEIT im August 2009 (Ausgabe 36, 27. August 2009, S. 52/53).

**Zur Rolle der Achtsamkeit:**

Die angeführte Definition findet sich bei Ulrike Anderssen-Reuster in dem von ihr herausgegebenen Handbuch *Achtsamkeit als Methode in Psychotherapie und Psychosomatik: Haltung und Methode*, München 2007. Darin befindet sich ein Beitrag zur philosophischen Relevanz der Achtsamkeit von Thomas Reuster: *Achtsamkeit aus philosophischer Sicht*. Reuster stellt hier ebenfalls den Vergleich zur phänomenologischen Wahrnehmung oder der lebensphilosophischen Intuition an.

Zur Frage einer philosophischen Wissenschaftlichkeit ist nach wie vor Edmund Husserl zentral, insbesondere sein Aufsatz *Philosophie als strenge Wissenschaft* (1911), der allerdings zeigt, dass die philosophische Strenge eine andere sein muss als die der Naturwissenschaften. Zitat: „Sind die Phänomene als solche keine Natur, so haben sie ein in unmittelbarem Schauen fassbares, und adäquat fassbares Wesen. Alle Aussagen, die Phänomene durch direkte Begriffe beschreiben, tun es, soweit sie gültig sind, durch Wesensbegriffe, also durch begriffliche Wortbedeutungen, die sich in Wesensschauung einlösen lassen müssen."

Weitere Ausführungen in: Logische Untersuchungen (1901), Bd. 1: Prolegomena zur reinen Logik, Hamburg 1992. Sowie Ders: Ideen zu einer reinen Phänomenologie und phänomenologischen Philosophie, Drittes Buch: Die Phänomenologie und die Fundamente der Wissenschaften (1913), Husserliana V, hg. von Walter Biemel, Den Haag 1971.

Alle Gedanken Henri Bergsons finden sich ausführlich in: Schöpferische Entwicklung, Zürich 1927, Zitat, S. 173, sowie der Textsammlung: Denken und Schöpferisches Werden, hg. von Friedrich Kottje (1985), S. 69 und S. 214.

**Zur Kompetenz der Unwissenheit:**

Neben der sokratischen Betonung des eigenen Nichtwissens zeigt auch die Schrift „De docta ignorantia" (1440) von Nikolaus von Kues die lange philosophische Tradition einer solchen Einsicht. Darin verwirft Nikolaus von Kues im Sinne der negativen Theologie alle gesicherten Aussagen über Gott als unangemessen und irreführend. Er erhebt nicht den Anspruch, Wissen über ihn zu besitzen oder erreichen zu können, sondern sieht im Bewusstsein des eigenen Nichtwissens – also der „belehrten Unwissenheit" – die einzige Möglichkeit einer Gewissheit über sich selbst.

Die Unwissenheit als zu akzeptierende „Dunkelheiten" beschreibt Georg Simmel in seiner Rembrandtstudie, in: Aufsätze und Abhandlungen 1909-1918, Band II, hrsg. von Klaus Latzel, FfM 2000, S. 16-53, S. 25.

Ein weiterer zentraler Text Simmels ist in diesem Zusammenhang von erstaunlicher Aktualität: *Die Großstädte und das Geistesleben,* S. 122, in: Otthein Rammstedt/David Frisby: *Aufsätze und Abhandlungen* 1901-1908, FfM 1995, S. 116-131.

Das Zitat zum tätigen Leben stammt von Hannah Arendt: *Vita activa. Oder vom tätigen Leben*, S. 14

**Zum Begriff der Zeit:**

Der Begriff der „gestundeten Zeit" ist aus dem gleichnamigen Gedicht von Ingeborg Bachmann geliehen: *Die gestundete Zeit* (1983), München 2000, S.18.

Henri Bergson entwickelt sehr anschaulich die Gedanken eines anderen Zeitverständnisses am Begriff der „Dauer" (durée), der die Entwicklung der Dinge als das eigentliche Kriterium für den Verlauf von Zeit zugrunde legt (wie das Schmelzen von Zucker in einem Wasserglas).

Auch Michael Ende macht das Empfinden von Zeit als subjektives Erleben in seinem Roman *Momo* sehr schön deutlich: *Momo oder die seltsame Geschichte von den Zeit-Dieben und von dem Kind, das den Menschen die gestohlene Zeit zurückbrachte. Ein Märchen-Roman*, Stuttgart und Wien 2005.

Zur Freude, die ein solches philosophisches Denken vermitteln kann, noch einmal Bergson: „Mit all ihren technischen Anwendungen, die auf die Bequemlichkeit des Daseins hinzielen, verspricht uns die Wissenschaft das äußere Wohlleben und höchstens den äußeren Genuss. Aber die Philosophie könnte uns die wahrhaften Freuden vermitteln." In: *Denken und schöpferisches Werden*, S. 148.

Dazu ist auch die Debatte Heideggers mit Dilthey und Heideggers Freiburger Antrittsvorlesung interessant, die sich ebenfalls diesem Thema widmet: „Die Erkenntnis der fundamentalen Bedeutsamkeit des historischen Zeitbegriffs wie seiner völligen Andersartigkeit gegenüber dem der Physik wird es ermöglichen, weiter wissenschaftstheoretisch in den eigentlichen Charakter der Geschichtswissenschaft einzudringen und sie als originale und auf andere Wissenschaften unreduzierbare Geisteshaltung theoretisch zu begründen." In: Martin Heidegger: *Der Zeitbegriff in der Geschichtswissenschaft* (1916), GA Bd.1, S. 433.

**Zur Rolle eines komplementären Pluralismus:**

Zu anderen Möglichkeiten der wissenschaftlichen Erkenntnis sind die Gedanken von Gottfried Gabriel sehr gewinnbringend: „Als argumentierende Disziplin steht die Philosophie zwar auf Seiten der Wissenschaften; die Natur ihrer Einsichten, nicht auf Tatsachen in der Welt, sondern auf Sichtweisen von Welt aus zu sein, rückt sie aber näher an die Dichtung heran, als mancher vielleicht wahrhaben möchte. Nach allem, was über den Erkenntniswert der Dichtung gesagt wurde, sollte man hierin doch keinen Mangel sehen, ganz im Gegenteil. Wenn man Philosophie, jedenfalls die Metaphysik, als ‚Begriffsdichtung' abgewertet hat, so scheint mir, dass diesem Ausdruck durchaus auch ein positiver Sinn abgewonnen werden kann. Er markiert nämlich genau die Stellung der Philosophie zwischen Wissenschaft und Dichtung, charakterisierbar als eine nicht-fiktionale, argumentative Form des Zeigens." In: Ders.: *Zwischen Logik und Literatur. Erkenntnisformen von Dichtung, Philosophie und Wissenschaft*, Stuttgart 1991, S. 224.

Weitere Werke von Gottfried Gabriel zum Thema: *Fiktion und Wahrheit. Eine semantische Theorie der Literatur* (1975); *Erkenntnisformen von Dichtung, Philosophie und Wissenschaft* (1991), S. 209 und S. 224.

In diesen Kontext passt auch die Kontingenz-Theorie der Wahrheit des US-amerikanischen Philosophen Richard Rorty, in der er die „Wahrheit" als zufälligen und willkürlichen Modus beschreibt, in: *Kontingenz, Ironie und Solidarität*, FfM 1991.

## Kapitel 3

**Grau ist alle Theorie: Wie denkt die Wissenschaft?**

In der schon mehrmals erwähnten Vorlesung *Was heißt Denken?* (1950/51) spricht Heidegger der Wissenschaft die Fähigkeit des „Denkens" ab, will dies aber nicht als eine abschätzige Beurteilung, sondern als eine Wesensbestimmung der Wissenschaft verstanden wissen: „Der Grund dieses Sachverhalts [dass die Wissenschaft nicht denke] liegt darin, dass die Wissenschaft ihrerseits nicht denkt und nicht denken kann, und zwar zu ihrem Glück und das heißt hier zur Sicherung ihres eigenen festgelegten Ganges", in: *Was heißt Denken?* (WS 1950/51), S. 9/10.

Ein weiteres Zitat zum Unterschied von Philosophie und Wissenschaft von Karl Jaspers aus *Philosophie und Welt. Reden und Aufsätze* (1958), München 1963, S.318ff.

**Zur kritischen Sicht auf die Wissenschaft:**

Ein Beispiel für eine aktuellere, aber ähnlich drastische Form der Wissenschaftskritik sind die Schriften des französischen Philosophen Michel Henry, der die Übermacht der Wissenschaft in den 1990er Jahren als Untergangsszenario der geistigen Welt darstellte. In: Ders.: *Die Barbarei: Eine phänomenologische Kulturkritik*, Freiburg/München 1994.

Eine dagegen weitaus ältere Polemik gegen die „Universitätsphilosophie" findet sich bei Arthur Schopenhauer: *Der handschriftliche Nachlass*, hg. von Arthur Hübscher, Band IV-I, FfM 1966-1975, S. 273.

Auch nach Nietzsche entwickelt sich die moderne Wissenschaft aus der Überzeugung, objektive Wahrheiten schaffen zu können, eine Überzeugung, die an offensichtliche Grenzen stößt: Wenn der Wissenschaftler „hier zu seinem Schrecken sieht, wie die Logik sich an diesen Grenzen um sich selbst ringelt und endlich sich in den Schwanz beißt – da bricht die neue Form der Erkenntnis durch, die tragische Erkenntnis, die, um nur ertragen zu werden, als Schutz und Heilmittel die Kunst braucht." Das Ziel der Philosophie seiner Zeit muss nach Nietzsche sein, die Grenzen der systematischen Wissenschaft aufzudecken und daran anknüpfend zu einer neuen „tragischen" Geisteshaltung aufzurufen. Ihr wichtigstes Merkmal müsse es sein, „dass an die Stelle der Wissenschaft als höchstes Ziel die Weisheit gerückt wird, die sich, ungetäuscht durch die verführerischen Ablenkungen der Wissenschaften, mit unbewegtem Blicke dem Gesamtbilde der Welt zuwendet (...)." In: *Socrates und die griechische Tragödie* (1871), in: Krit. Studienausgabe Band 1, hg. von Giorgio Colli und Mazzino Montinari, München 1980.

Weitere kritische Zitate finden sich bei Georg Simmel: *Lebensanschauung*, 2. Aufl. München/Leipzig 1922, S. 55, und in dem erwähnten Text von Karl Jaspers: *Was ist Philosophie?* Auch Bertholt Brecht ist dazu überaus lesenswert: *Das Leben des Galilei*, FfM 2005.

Einen aktuellen Beitrag zum Thema bietet Paul Hoyningen-Huene: *Systematizität als das, was Wissenschaft ausmacht*, in: Information Philosophie, 3/2009, S. 22-27.

**Zur Veränderung des Erkenntnisstandes in der Wissenschaft:**

Ein weiteres Mal Georg Simmel in *„Lebensanschauung"*: „Verzichtet man erst einmal auf die Idee des „absolut Wahren", die gleichfalls nur ein historisches Gebilde ist, so könnte man auf die paradoxe Idee kommen, daß in dem kontinuierlichen Prozesse des Erkennens das Maß der eben adoptierten Wahrheiten von dem Maß der eben abgetanen Irrtümer gerade nur aufgewogen wird (...)." (S. 102/03).

**Zur Bedeutung des Begriffs der Weisheit im Wandel:**

Der Gedanke von Lebenserfahrung und Klugheit, der heute meist mit Weisheit verbunden wird, beschrieb in der Antike eher eine Form der „Tüchtigkeit", im Sinne von Fähigkeit oder Kompetenz. Während die Vorsokratiker *sophia* in ihrer ursprünglichen Bedeutung als „Tüchtigkeit in Beziehung auf etwas" verwendeten, ändert sich dies bei Sokrates, der in seinen Auseinandersetzungen oft sogar besonders tüchtigen Gesprächspartnern ihr Versagen im Verständnis allgemeiner Fragen nachwies und der vom Delphischen Orakel aufgrund seines Diktums „ich weiß, dass ich nichts weiß" als der Weiseste bezeichnet wurde.

Zur Funktion der philosophischen Wissenschaft der Gegenwart siehe das Interview mit Julian Nida-Rümelin von Peter Moser, in: Information Philosophie, 3/2009, S. 32.

Dazu passen wunderbar die Ausführungen von Friedrich Nietzsche in seiner *Zweiten Unzeitgemäßen Betrachtung. Vom Nutzen und Nachteil der Historie für das Leben*, in: Krit. Studienausgabe Band 1, hg. von Giorgio Colli und Mazzino Montinari, München 1980, S. 243-335.

**Zum Potsdamer Manifest:**

Der genaue Wortlaut des Manifestes findet sich auf der Website des VDW (Vereinigung Deutscher Wissenschaftler, gegr. 1959 von Carl Friedrich von Weizsäcker). Zum Hintergrund des Textes: Am 9. Juli 1955 veröffentlichten Bertrand Russell und Albert Einstein das *Russell-Einstein-Manifest*. Es forderte ultimativ ein neues Denken, das gewährleistet, künftig Kriege als Mittel der Politik und Instrument der Konfliktlösung rigoros zu verbannen. Anlässlich des

Einstein-Jahres 2005 verfassten Hans-Peter Dürr, J. Daniel Dahm und Rudolf zur Lippe das Potsdamer Manifest 2005 *We have to learn to think in a new way* und dessen „Mutter", die Potsdamer Denkschrift 2005. Ihre Inhalte wurden vom 24. bis zum 27. Juni 2005 in Potsdam im Rahmen eines international begleiteten Symposions fachübergreifend diskutiert und beraten. Am 14. Oktober 2005 wurden in Berlin das Potsdamer Manifest 2005 und die Potsdamer Denkschrift 2005 der Öffentlichkeit vorgestellt. Das Potsdamer Manifest wurde bisher von über 130 renommierten WissenschaftlerInnen und Persönlichkeiten aus aller Welt unterzeichnet

**Zum Denken der Quantenphysik:**

Weitere hilfreiche Einführungen in Kerngedanken der Quantenphysik bietet Sylvia Arroyo Camejo: *Skurrile Quantenwelt,* FfM 2005, S. 88.

Und weiter: Niels Bohr: *Atomphysik und menschliche Erkenntnis*, Braunschweig, 1985, Neuausg. mit e. Vorw. von Karl von Meyen, und ders.: *Über Erkenntnisfragen der Quantenphysik*, Berlin 1959.

**Zur Frage der Methode:**

Zur Frage, was das für eine mögliche Methode im philosophischen Denken bedeutet, siehe auch Gottfried Gabriel: „Ein Methodenmonismus dürfte nicht nur überaus fragwürdig, er kann auch gar nicht wünschenswert sein. Ein solcher Monismus wäre nämlich nur sinnvoll unter der Voraussetzung eines einheitlichen Erkenntnisbegriffs zu vertreten." In: Ders.: *Zwischen Logik und Literatur. Erkenntnisformen von Dichtung, Philosophie und Wissenschaft,* S. 203/204, auch S. 209 und S. 224.

Darüber hinaus auch lesenswert: Martin Carrier/Jürgen Mittelstraß: *Die Einheit der Wissenschaft*. Akademie der Wissenschaften zu Berlin, Jahrbuch 1988, Berlin 1989, S. 108-114. Hier zeigt sich der Versuch, die Einheit der wissenschaftlichen Methode zu wahren, die aber nur darin besteht, dass jede Wissenschaft sich einer Methode bedient – die aber wiederum in sich verschieden sind. Dies kann jedoch inhaltlich nicht als „Einheit" bezeichnet werden. (Das erinnert ein wenig an die Ideen Husserls zur „strengen Wissenschaft").

**Zur Rolle der Hermeneutik:**

Um eine Idee für das Denken einer „verstehenden Philosophie" zu bekommen, die sich an den lebendigen, den ganzen Menschen richtet, lohnen sich die verschiedenen Texte des frühromantischen „Athenäums", einer Zeitschrift, die 1798 von den Brüdern Schlegel gegründet wurde und für eine andere Form des (philosophischen) Denkens eintrat.

Zum Standardwerk der Hermeneutik darf am Ende Hans-Georg Gadamer natürlich nicht fehlen: *Wahrheit und Methode* (1960), hg. von Günther Figal, Berlin 2007.

**Zur Idee der Kontingenz:**

Die Ausführungen zum Begriff der Kontingenz finden sich sehr unterhaltsam in einer Folge des „Philosophischen Quartetts" in den Ausführungen von Ernst-Peter Fischer: Fernsehaufzeichnung der Sendung vom März 2009, unter:
www.zdf.de/ZDFde/inhalt/4/0,1872,7527556,00.html,
nachzuvollziehen auch unter www.youtube.com.

Tiefergehend sind die Arbeiten Niklas Luhmanns, die das Prinzip der Kontingenz in den Mittelpunkt der Entwicklung von gesellschaftlichen Systemen stellen. In: Ders.: *Soziale Systeme*, FfM 1984, S. 152.

Das Zitat zu den Systemen der Weltanschauung findet sich bei Wilhelm Dilthey *Einleitung in die Geisteswissenschaften*, GS Bd V, S. 4 und S. 5

Das Denken in Symbolen, die immer eine Kluft zwischen Mensch bzw. Gedanke und gedachtem Gegenstand in sich tragen, wird bei Ernst Cassirer ausführlich behandelt: *Philosophie der symbolischen Formen* (3 Bde, 1923–1929), Hamburg 2002, sowie ders.: *Versuch über den Menschen. Eine Einführung in die Philosophie der Kultur*, Hamburg 2007.

**Zu Entweder-Oder und Sowohl-als-auch:**

Die Philosophie als „Sprung" auf die andere Seite, als Wagnis der eigenen Existenz findet sich bei dem dänischen Philosophen Sören

Kierkegaard: *Abschließende unwissenschaftliche Nachschrift zu den philosophischen Brocken*, 1. Teil, 16. Abteilung, Düsseldorf/Köln 1959, S. 209 ff., und in seinem Werk *Entweder – Oder,* Teil I und II, München 1975.

## Kapitel 4

### Wie denken wir Komplexität?

Zur zentralen These, dass Vertrauen allein Komplexität reduzieren kann, ist die Schrift von Niklas Luhmann unbedingt zu empfehlen: *Vertrauen* (1968), 4. Aufl, Stuttgart 2000. Darin definiert er Komplexität als „die Zahl der Möglichkeiten, die durch Systembildung geschaffen werden. Er impliziert, dass Bedingungen (und somit Grenzen) der Möglichkeit angebbar sind, dass also Welt konstituiert ist, und zugleich, dass die Welt mehr Möglichkeiten zulässt, als Wirklichkeit werden können, und in diesem Sinne ‚offen' strukturiert ist", ders.: *Vertrauen* (1968), S. 5.

### Zu Spiel und Komplexität:

Die Beschreibung der „königlichen Croquetpartie" folgt der Ausgabe von Lewis Carrolls *Alice im Wunderland*, FfM 1963.

Weiterführende Gedanken zur Verbindung von Spieltheorie und Psychologie finden sich in dem Buch von László Mérö: *Die Logik der Unvernunft. Spieltheorie und die Psychologie des Handelns*, Reinbek bei Hamburg, 2004 (4. Aufl.).

Auch an dieser Stelle gibt das Buch von Bernhard von Mutius *Die andere Intelligenz*, Stuttgart 2006 interessante Anregungen.

Zur vertiefenden Lektüre der Gedanken Peter Kruses: *Next practice – Erfolgreiches Management von Instabilität*, Offenbach 2004.

Weitere Gedanken und Beispiele zum Umgang mit Komplexität finden sich bei Dietrich Dörner: *Die Logik des Misslingens. Strategisches Denken in komplexen Situationen,* Reinbek bei Hamburg, 2004 (3. Auflage).

## Kapitel 5

**Wer oder was ist „das System"?**

Das Zitat zum System als organischem Wesen stammt aus: Wilhelm Dilthey: *Gesammelte Schriften*, Bd VIII, S. 35.

Zur grundsätzlichen Sicht auf die Systemtheorie lohnt sich ein Blick in die Vorlesung Niklas Luhmanns: *Einführung in die Systemtheorie*, Heidelberg 2004. Hier geht er u.a auf die Begriffe Zeit, Sinn und Kontingenz näher ein.

**Zum Begriff des Anderen:**

Auch wenn in diesem Abschnitt hauptsächlich das Denken Emanuel Levinas´ vorgestellt wird, lohnen sich auch die Ausführungen Martin Bubers zum Thema, der das „Andere" als das „Du" beschreibt und dessen Bedeutung für das „Ich" hervorhebt: *Ich und Du* (1923), Stuttgart 1995, in: Martin Buber, Werke I. Schriften zur Philosophie, S. 114: „Ich habe keine Lehre. Ich zeige nur etwas. Ich zeige Wirklichkeit, ich zeige etwas an der Wirklichkeit, was nicht oder zu wenig gesehen worden ist. Ich nehme ihn, der mir zuhört, an der Hand und führe ihn zum Fenster. Ich stoße das Fenster auf und zeige hinaus." (...) „Ich habe keine Lehre, aber ich führe ein Gespräch."

Zur Absolutheit der Beziehung zum Anderen, Zitat aus: Emmanuel Levinas: *Totalität und Unendlichkeit. Versuch über die Exteriorität,* Freiburg/München 1987, S. 124, weitere Zitate S. 58, S. 90.

Zum Verständnis von Liebe und Vertrauen als soziale Medien ist auch der Text Luhmanns zu empfehlen: *Liebe als Passion* (1969), in: *Liebe. Eine Übung* (hrsg. von André Kieserling), FfM 2008.

Die Definition von Vertrauen als Zutrauen in die eigenen Erfahrungen stammt aus: Niklas Luhmann: *Vertrauen*, S. 29.

**Zur Rolle von Hoffnung und Optimismus:**

Das Zitat von Ernst Bloch findet sich im Vorwort zu seinem Werk *Das Prinzip Hoffnung*, hg. von Burghart Schmidt. FfM 1978.

Zum näheren Verständnis dessen, was hier mit Optimismus gemeint ist: Diesen Gedanken entwickelt Gottfried Wilhelm Leibniz

(1710), in seiner *Theodizee*, wobei er den Begriff des Optimismus selbst nicht verwendet. Dieser geht zurück auf Vertreter der Jesuiten, die damit eine theologische Haltung kritisieren, welche sich anmaßt, den Gang der Welt prognostizieren zu wollen.

Zitat Javier Solana, EU-Chefdiplomat im Zeit-Magazin (Nr. 25) vom 10. 06. 2009.

## Kapitel 6

**Zur Wirtschaft:**

Grundsätzlich ist der Spiegel-Artikel von Cordt Schnibben aus der Nr. 20 (11.05.2009) ein interessanter Blick auf das Phänomen „Krise" des Kapitalismus, der das Prinzip Gier als dem System innewohnend beschreibt, dabei aber außer Acht lässt, dass jedes System von lernfähigen (wenn auch nicht immer willigen) Menschen gebildet ist.

Interessante Gedanken aus philosophisch-soziologischer Sicht auf das Prinzip des Geldes bietet Georg Simmel in *Philosophie des Geldes* (1900), hg. von Otthein Rammstedt, FfM 2003.

Der Coach und Managementberater Manfred Kets de Vries vertritt eine sehr aktuelle Haltung zur Notwendigkeit einer neuen sinnhaften Wirtschaft: *Krise ist selbst erfüllende Prophezeiung*, in: Wirtschaft und Weiterbildung, 4/2009, S. 16-21.

Interessante Gedanken zum Wandel von einer industriell geprägten Wirtschaft hin zu einer „Ideenwirtschaft" finden sich bei Wolf Lotter, *Die kreative Revolution*, Hamburg 2009.

Weiterführende Literatur zu den praktischen Beispielen:

Götz Werner: *Führung für Mündige,* Karlsruher Universitätsverlag, 2005.

Karl Martin Dietz und Thomas Kracht: *Dialogische Führung. Zur Führungskultur bei dm-Drogeriemarkt*, FfM 2002.

Otmar Donnenberg: *Action Learning. Ein Handbuch,* Stuttgart 1999.

Zum Prinzip der Soziokratie ist die Internetseite www.soziokratie.org. zu empfehlen.

**Zur Bildung:**

Zur Frage einer anderen Bildung gibt es einen sehr schönen, einmal anderen Kommentar des Reformpädagogen Hartmut von Hentig zur PISA-Studie im Tagesspiegel (24. Dez. 2001/*Sie lesen zu wenig*), der etwas ausführlicher zitiert werden soll: Der Autor listet darin verschiedenste Forderungen an eine effizientere Schule auf, als Gegenbeispiel für die hier beschriebene Haltung die Forderung von Hans-Olaf Henkel: ‚Weniger Staat, mehr Familie' / ‚Das Berufsbild des Lehrers korrigieren' / ‚Deutliche Maßstäbe für die erwartete Leistung (Benchmarking)' / ‚Mehr Wettbewerb unter den Bundesländern' ... Die letzten vier Forderungen waren in dieser Zeitung zu lesen. Hans-Olaf Henkel, der sie aufgestellt hat, sieht die Schule in einem einfachen und einprägsamen Bild: als Wettrennen um Lebenschancen – für die Einzelnen und für Deutschland. So werden die ‚besten Leistungen erzielt', sagt der Wirtschaftsmann. Die Frage, ob so auch ‚die besten Schulen', ‚die besten Menschen', ‚die beste Polis', ‚das beste Leben' erzielt werden, sollten wir vielleicht wirklich verschieben, bis wir, erstens, die deutschen Schüler vom beschämenden 20. Platz – ‚deutlich unter dem OECD-Durchschnitt' – weggeholt und, zweitens, die beunruhigenden – sozial bedingten – Unterschiede innerhalb der deutschen Schülerschaft aufgeklärt und gemildert haben. Dass dies keine Frage der Schulstruktur ist, scheint übereinstimmende Meinung derer zu sein, die heute darüber urteilen. Ich bin mir da nicht so sicher, gerade weil ich überzeugt bin, dass die Hauptlast der Mängelbeseitigung bei der Didaktik anfällt, einer Lehrkunst, die ihrerseits eine Mathetik ermöglichen muss, eine Kunst, die die Lernlust der Kinder bewahrt, ordnet, an den eigenen Lernleistungen steigert. Das kann bei ganz kleinen Kindern nicht im großen Klassenverband gelingen; das verlangt (um der „Nachhaltigkeit" willen) sinnliche Wahrnehmung, trial and error, Gespräch, vergewisserndes Handeln; und alles zusammen braucht Zeit, nicht Hast. So bedingen sich Struktur und ‚Inhalt' gegenseitig." (Tagesspiegel, 24.12.2001).

Vertiefende Ansätze und Beispiele bietet außerdem das sehr lesenswerte Buch von Fee Czisch: *Kinder können mehr,* München 2005, ebenso wie ein literarisches Beispiel von Tschingis Aitmatow: *Der erste Lehrer,* München 1990.

Zur Rolle des Provinz: Johann Wolfgang von Goethe, Wilhelm *Meisters Wanderjahre,* sowie Hermann Hesse: *Das Glasperlenspiel.*

Einen grundsätzlichen Überblick verschiedener pädagogischer Ansätze bietet die zusammenfassende Darstellung hg. von Heinz-Elmar Tenorth: *Klassiker der Pädagogik* (Bd 1): *Von Erasmus bis Helene Lange*, München 2003.

Die wichtigsten Schriften von Jean-Jacques Rousseau: *Emile oder Über die Erziehung*, Stuttgart 1963, sowie *Vom Gesellschaftsvertrag oder Grundsätze des Staatsrechts Stuttgart* 1977. Hartmut von Hentig: *Rousseau. Oder die wohlgeordnete Freiheit*, München 2004. Zur Idee der Bielefelder Laborschule: Hartmut von Hentig: *Die Schule neu denken*, München u. Wien, 1993. S. 258-259

**Zur Medizin:**

Zur Idee einer „Medizin der Emotionen" ist das Buch des Amerikaners David Servan-Schreiber *Die neue Medizin der Emotionen* (München 2004) sehr zu empfehlen.

Zentral für die Idee der Salutogenese: Aaron Antonovsky: *Salutogenese. Zur Entmystifizierung der Gesundheit*, Tübingen 1997, S. 36.

Grundsätzliche Aspekte einer ganzheitlichen Sichtweise in der Medizin bietet Rolf Ferres: *Was uns gesund macht. Ganzheitliche Heilkunde statt seelenloser Medizin*, Freiburg 2006.

Außerdem sehr lesenswert sind die Schriften der Ärztin und Sterbeforscherin Elisabeth Kübler-Ross, u.a. ihre Biographie *Das Rad des Lebens*, München 2002.

**Zum Web 2.0:**

Der Begriff „Digital Natives" wurde von dem amerikanischen E-learning-Experten Marc Prensky 2001 in seinem Buch *On the horizon* entwickelt und von der Beschreibung der „Digital Immigrants" abgehoben, jener

Generation, die vor dem Internetzeitalter aufgewachsen und ihr soziales Verhalten ausgeprägt hat, vgl. dazu auch den Artikel im Manager-Magazin vom 18. Mai 2009: *Digital Natives. Die Revolution der Web-Eingeborenen*, von Andreas Neef, Willi Schröll und Björn Theis. Das Manifest ist nachzulesen unter www.dnadigital.de.

Ausführlichere Informationen bei Ulrike Reinhard/Willms Buhse (Hrsg.): DNAdigital – Wenn Anzugträger auf Kapuzenpullis treffen: Die Kunst, aufeinander zuzugehen, Heidelberg 2009.

## Kapitel 7

**Das Erlebnis des Denkens oder das Wagnis des Glücks:**

Karl Jaspers: Philosophie, Bd II, S. 231.

Georg Simmel: *Das individuelle Gesetz. Philosophische Exkurse*, hg. von Michael Landmann, FfM 1987.

**Zur Frage eines Wertewandels:**

Die Diskussion des sogenannten Wertewandels ist bereits seit Jahrzehnten Thema soziologischer Forschungen (u. a. in den Arbeiten von Ronald Inglehart), wird mittlerweile aber auch vielfach von Zukunftsinstituten, Markt- und Trendforschern ins Auge gefasst. Das Hamburger Trendbüro beispielsweise hat im März 2009 einen „Werteindex" veröffentlicht, der folgende zwölf Werte als die Leitlinien der Deutschen beschreibt: 1. Freiheit , 2. Erfolg, 3. Familie, 4. Gesundheit, 5. Sicherheit, 6. Natur, 7. Einfachheit, 8. Anerkennung, 9. Gerechtigkeit, 10. Gemeinschaft und Verbindlichkeit (werden positiv bewertet, die notwendige Selbstverpflichtung möchte aber nicht mehr aufgebracht werden; das Konzept des Netzwerks hingegen erlaubt Usern, sich verbunden zu fühlen, ohne gebunden zu sein), 11. Authentizität, 12. Selbstverwirklichung. Nachzulesen u.a. unter www.trendbuero.de (Publikationen).

**Zur Rolle der persönlichen Verantwortung:**

Zum vollständigen Wortlaut des „Kategorischen Imperativs" vgl. *Grundlegung zur Metaphysik der Sitten,* Kants Werke, Akademie-

Ausgabe IV, S. 421. Der kategorische Imperativ ist nach Kant keine inhaltliche Norm, sondern das einzige Handlungs- und Normenprüfkriterium. Unmoralische Handlungen erkennt man demnach an einer Form von Widersprüchlichkeit. Kant untersucht die praktische Vernunft, insofern sie ein a priori enthält, also ein jeder realen Moral vorhergehendes Grundprinzip, das Moral überhaupt erst möglich macht und im Menschen selbst natürlicherweise vorhanden ist. Dieses a priori bestimmt den kategorischen Imperativ, das heißt, er gilt absolut und überall. Jeder Mensch auf der Welt kann ihn immer anwenden. Es wird eben nicht bewertet, was die Handlung bewirkt, sondern wie die Absicht beschaffen ist. Wenn der Wille gut ist, dann ist auch die Handlung moralisch gerechtfertigt. Der Wille zum Guten allein ist das, was moralisch gut ist.

Dazu weiter der Wahlspruch der Aufklärung: „Sapere aude". Bekannt wurde dieses Zitat durch die Übersetzung von Immanuel Kant in seinem Essay *Beantwortung der Frage: Was ist Aufklärung?* von 1784 als Leitgedanke der Aufklärung: „Aufklärung ist der Ausgang des Menschen aus seiner selbstverschuldeten Unmündigkeit. Unmündigkeit ist das Unvermögen, sich seines Verstandes ohne Leitung eines anderen zu bedienen". Selbstverschuldet ist diese Unmündigkeit, wenn die Ursache derselben nicht am Mangel des Verstandes, sondern der Entschließung und des Mutes liegt, sich seiner ohne Leitung eines anderen zu bedienen. Sapere aude! Habe Mut, dich deines eigenen Verstandes zu bedienen! ist also der Wahlspruch der Aufklärung.

Dass sich dieser Ansatz allerdings verändert hat und das Verhalten des einzelnen in einen neuen Kontext setzt, seitdem unser Handeln durch technische Neuerungen Einfluss auf die ganze Welt bzw. den Zustand unserer Natur nehmen kann, zeigt die Schrift von Hans Jonas: *Das Prinzip Verantwortung,* FfM 1984.

**Zur Verantwortung in gesellschaftlichen Kontexten:**

Im wirtschaftlichen Kontext lässt sich die Diskussion um eine „Corporate Social Responsibility", kurz CSR, anführen und zeigt die Schwierigkeit, eine solches Instrument wirtschaftlich nutzbar zu machen, auch wenn es eigens entwickelte Qualitätskriterien in einem

Zertifizierungsprozess des ISO 26000 geben soll. Zu Fragen gesellschaftlicher Verantwortung sei auch die jüngst veröffentlichte Studie des Wuppertal-Instituts empfohlen, die sehr umfassend auf die verschiedenen Bereiche und Themenfelder einer verantwortungsvollen Gesellschaft eingeht.

## Kapitel 8

**Zur Betonung des „Jetzt" und der „Unverständlichkeit":**

Ein sehr schöner Text ist der Essay von Georg Simmel: *Das Abenteuer* (1911), in: *Philosophische Kultur* (1911), Berlin 1983, S. 20.

Auch wenn das vorliegende Buch eher davon ausgeht, dass das Denken glücklich macht, so sei dennoch die Schrift George Steiners empfohlen: *Warum Denken traurig macht*, FfM 2006.

Auch Friedrich Schlegel hat in seinem frühromantischen Denken viel über die Ganzheitlichkeit des Menschen geschrieben und das „Unverständliche" thematisiert bzw. gefragt: „Aber ist die Unverständlichkeit etwas so durchaus Verwerfliches und Schlechtes? (...) Wahrlich, es würde Euch bange werden, wenn die ganze Welt, wie ihr es fordert, einmal im Ernst durchaus verständlich würde. Und ist sie selbst diese unendliche Welt nicht durch den Verstand aus der Unverständlichkeit oder dem Chaos gebildet?", in: Ders. *Über die Unverständlichkeit*, Athenäum Bd III, Darmstadt 1983, S. 196.

**Zur Rolle der eigenen Persönlichkeit:**

Zum Ziel Schopenhauers, sein Leben damit zu verbringen, über dasselbe nachzudenken: Arthur Schopenhauer: *Gespräche*, hg. von Arthur Hübscher, Stuttgart – Bad Cannstatt 1971, S. 22.

Auch Friedrich Nietzsche betont schon in seinem Erstlingswerk den Wert einer persönlichen Lebensgestaltung unter Maßgabe künstlerischer Werte: *Die Geburt der Tragödie aus dem Geiste der Musik*, in: Krit. Studienausgabe Bd.1 , hg. von Giorgio Colli und Mazzino Montinari, S. 115. Auch in der „Fröhlichen Wissenschaft" kommen ähnliche Gedanken zu Wort und trotz aller „Tragik" des Lebens betont Nietzsche das „Ja" zum Leben als alternativlos: *Die Fröhliche Wissenschaft,* Aphorismus 276, in: Krit. Studienausgabe Bd. 3, hg. von Giorgio Colli/Mazzino Montinari, S. 595.

Das Zitat zur gewaltsamen Geradlinigkeit stammt aus: Hermann Hesse: *Gesammelte Briefe*, Bd 4, FfM 1990, S. 354.

Zur Liebe und Freude am puren Dasein ist das Interview zur „Freude" mit Humberto Maturana zu empfehlen: brand eins (August 2006), Schwerpunkt Spielen, Von der Freude. Weitergehende Gedanken Maturanas finden sich auch in: H. Maturana/Gerda Verden Zöller, *Liebe und Spiel – Die vergessenen Grundlagen des Menschseins*, Heidelberg 1993.

**Zum Glück:**

Zur Rolles des Glücks für ein glückliches Leben ist das Buch von Wilhelm Schmid sehr zu empfehlen: *Glück. Alles, was Sie darüber wissen müssen, und warum es nicht das Wichtigste im Leben ist,* FfM/Leipzig 2007. Ausführlicher geht er außerdem in seinem Buch *Mit sich selbst befreundet sein. Von der Lebenskunst im Umgang mit sich selbst*, FfM 2007, auf verwandte Fragen ein.

Einen anderen, sehr schönen Überblick über das, was Glück sein kann, bietet die Zeitschrift „DUMMY" in ihrem Schwerpunkheft über das „Glück" (Januar 2009).

## Literaturverzeichnis


Hannah Arendt: Vita activa. Oder vom tätigen Leben (The Human Condition, 1958 / dt. 1969), München 1998.

Dies.: Eichmann in Jerusalem, 1963 (dt. 1964), München 2004.

Dies.: Denken ohne Geländer, München 2007.

Tschingis Aitmatov: Der erste Lehrer, München 1990.

Karl Albert: Lebensphilosophie – von den Anfängen bei Nietzsche bis zu ihrer Kritik bei Lukács, Freiburg/München 1995.

Ulrike Anderssen-Reuster (Hg.): Handbuch der Achtsamkeit: Achtsamkeit als Methode in Psychotherapie und Psychosomatik: Haltung und Methode, München 2007.

Aaron Antonovsky: Salutogenese. Zur Entmystifizierung der Gesundheit, Tübingen 1997.

Chris Argyris/Donald A. Schön: Die Lernende Organisation: Grundlagen, Methoden, Praxis, Stuttgart 1999.

Sylvia Arroyo Camejo: Skurrile Quantenwelt, FfM 2005.

Ingeborg Bachmann: Die gestundete Zeit (1983), München 2000.

Henri Bergson: Schöpferische Entwicklung (1927), Zürich 1927.

Ders.: Denken und schöpferisches Werden, hg. von Friedrich Kottje, FfM 1985.

Peter Bieri: Das Handwerk der Freiheit, FfM 2003.

Ernst Bloch: Das Prinzip Hoffnung, Hrsg. von Burghart Schmidt. FfM 1978.

Niels Bohr: Atomphysik und menschliche Erkenntnis, Braunschweig/Vieweg, 1985.

Martin Buber: Ich und Du (1923), Stuttgart 1995.

Lewis Carroll: Alice im Wunderland, FfM 1963.

Ernst Cassirer: Die Philosophie der symbolischen Formen, Bde 1–3. Hamburg 2002.

Ders.: Versuch über den Menschen (orig. Essay on man, 1944), Hamburg 2007.

Ders.: Das Problem Jean-Jacques Rousseau, in: Drei Vorschläge, Rousseau zu lesen, FfM 1995, S. 1–78.

Mihaly Csikszentmihaly: Dem Sinn des Lebens eine Zukunft geben. Eine Psychologie für das 3. Jahrtausend, Stuttgart 2005.

Fee Czisch: Kinder können mehr, München 2005.

Karl Martin Dietz und Thomas Kracht: Dialogische Führung. Zur Führungskultur bei dm-Drogeriemarkt, FfM 2002.

Wilhelm Dilthey: Einleitung in die Geisteswissenschaften, Versuch einer Grundlegung für das Studium der Gesellschaft und der Geschichte (1883), hg. von Bernard Groethuysen, 4. Aufl. 1959, GS Bd I.

Ders.: Die geistige Welt. Einleitung in die Philosophie des Lebens. Erste Hälfte: Abhandlungen zur Grundlage der Geisteswissenschaften, hg. von Georg Misch, 2. Aufl. 1957, GS Bd V.

Dietrich Dörner: Die Logik des Misslingens, Strategisches Denken in komplexen Situationen, Reinbek bei Hamburg, 2004.

Otmar Donnenberg: Action learning. Ein Handbuch, Stuttgart 1999.

Michael Ende: Momo oder die seltsame Geschichte von den Zeit-Dieben und von dem Kind, das den Menschen die gestohlene Zeit zurückbrachte. Ein Märchen-Roman, Stuttgart und Wien 2005.

Rolf Ferres: Was uns gesund macht, Ganzheitliche Heilkunde statt seelenloser Medizin, Freiburg 2006.

Ernst-Peter Fischer: Die andere Bildung, München 2001.
Harry G. Frankfurt: Bullshit, FfM 2006.
Ders.: Wahrheit, München 2007.
Viktor Frankl: Der Mensch vor der Frage nach dem Sinn. Eine Auswahl aus seinem Gesamtwerk, München 2008.
Gottfried Gabriel: Fiktion und Wahrheit. Eine semantische Theorie der Literatur, Stuttgart 1975.
Ders.: Zwischen Logik und Literatur. Erkenntnisformen von Dichtung, Philosophie und Wissenschaft, Stuttgart 1991.
Hans-Georg Gadamer: Wahrheit und Methode (1960), hg. von Günther Figal, Berlin 2007.
Thomas Görnitz: Quanten sind anders. Die verborgene Einheit der Welt, München 2006.
Ders./Brigitte Görnitz: Der kreative Kosmos. Geist und Materie aus Quanteninformation, München 2007.
Martin Heidegger: Sein und Zeit (1927), Tübingen 1993.
Ders.: Der Zeitbegriff in der Geschichtswissenschaft (1916), in: Gesamtausgabe Bd.1.
Ders.: Grundprobleme der Phänomenologie (WS 1919/20), in: Gesamtausgabe Bd. 58.
Ders.: Aus der Erfahrung des Denkens (1947), in: Gesamtausgabe, III. Abteilung: Unveröffentlichte Abhandlungen – Vorträge – Gedachtes, Band 81: Gedachtes, hrsg. von Paola-Ludovika Coriando, Tübingen 2007.
Ders.: Brief über den Humanismus (1947), in: Platons Lehre von der Wahrheit, Bern 1954.
Ders.: Was heißt Denken? (1950/51), Stuttgart 1992.
Michel Henry: Die Barbarei: Eine phänomenologische Kulturkritik, Freiburg/München 1994.
Hartmut von Hentig: Die Schule neu denken. München u. Wien, 1993.
Ders.: Rousseau. Oder die wohlgeordnete Freiheit, München 2004.
Johann Gottfried Herder: Abhandlung über den Ursprung der Sprache (1770) in: Ders.: Abhandlungen über den Ursprung der Sprache, Stuttgart 1986.
Hermann Hesse: Gesammelte Briefe, Bd 4, FfM 1990.
Gerald Hüther: Bedienungsanleitung für das menschliche Gehirn (2001), Göttingen 2009.
Edmund Husserl: Logische Untersuchungen (1901), Bd.1: Prolegomena zur reinen Logik, Hamburg 1992.
Ders: Ideen zu einer reinen Phänomenologie und phänomenologischen Philosophie, Drittes Buch: Die Phänomenologie und die Fundamente der Wissenschaften (1913), Husserliana V, hg. von Walter Biemel, Den Haag 1971.
Karl Jaspers: Was ist Philosophie? in: Einführung in die Philosophie, München 1953, Sonderausgabe 2004.
Ders.: Philosophie Bd II, 3 Bde, Berlin 1932, 3. Aufl. Berlin/Göttingen/Heidelberg 1956.
Ders.: Die geistige Situation der Zeit (1932), 9. Aufl. Berlin/New York 1999.
Ders.: Psychologie der Weltanschauungen, 6. Auflage, Berlin/Heidelberg/New-York 1971.
Ders.: Philosophie und Welt. Reden und Aufsätze (1958), München 1963.
Hans Jonas: Das Prinzip Verantwortung, FfM, 1984.
Ders.: Das Prinzip Leben, FfM 1997.

Robert Jütte : Hahnemann, Begründer der Homöopathie. München 2005.
Immanuel Kant: Was ist Aufklärung?, in: GMS Akademie-Ausgabe, Kant Werke IV.
Manfred Kets de Vries: Führer, Narren und Hochstapler – Essays über die Psychologie der Führung, Stuttgart 1998.
Sören Kierkegaard: Entweder – Oder. Teil I und II, München 1975.
Ders.: Abschließende unwissenschaftliche Nachschrift zu den philosophischen Brocken, 1. Teil, 16. Abteilung, Düsseldorf/Köln 1959.
Hans-Peter Krüger: Hirn als Subjekt? Philosophische Grenzfragen der Neurobiologie, Sonderband der Deutschen Zeitschrift für Philosophie 12/2006.
Peter Kruse: Next practice – Erfolgreiches Management von Instabilität, Offenbach 2004.
Elisabeth Kübler-Ross: Das Rad des Lebens, München 2002.
Sascha Lehnartz: Global Players. Warum wir nicht mehr erwachsen werden, FfM 2006.
Emmanuel Levinas: Totalität und Unendlichkeit. Versuch über die Exteriorität, Freiburg/München 1987.
Georg Christoph Lichtenberg: Denken mit Georg Christoph Lichtenberg, Zürich 2009.
Wolf Lotter: Die kreative Revolution, Hamburg 2009.
Niklas Luhmann: Vertrauen (1969), FfM 2008.
Ders.: Liebe als Passion (1969), in: Liebe. Eine Übung (hrsg. von André Kieserling), FfM 2008.
Ders.: Soziale Systeme, FfM 1984.
Ders.: Einführung in die Systemtheorie, Heidelberg 2004.
Humberto Maturana: Liebe und Spiel – Die vergessenen Grundlagen des Menschseins, Heidelberg 1993.
Dennis Meadows: Grenzen des Wachstums, Reinbek 1973.
Donella Meadows/Jörgen Randers/Dennis Meadows: Grenzen des Wachstums. Das 30-Jahre-Update. Signal zum Kurswechsel, Stuttgart 2007.
Lászlo Mérö: Die Logik der Unvernunft. Spieltheorie und die Psychologie des Handelns, Reinbek bei Hamburg 2004.
Thich Nath Hanh: Liebe heißt, mit wachem Herzen leben, Freiburg 2006.
Friedrich Nietzsche: Über Wahrheit und Lüge im außermoralischen Sinne (1873), in: Krit. Studienausgabe Band 1, hg. von Giorgio Colli und Mazzino Montinari, München 1980.
Ders.: Zweite unzeitgemäße Betrachtung. Vom Nutzen und Nachteil der Historie für das Leben, in: Krit. Studienausgabe Bd.1, hg. von Giorgio Colli und Mazzino Montinari, München 1980.
Ders.: Die Geburt der Tragödie aus dem Geiste der Musik, in: Krit. Studienausgabe Bd.1, hg. von Giorgio Colli und Mazzino Montinari. München 1980
Ders.: Die Fröhliche Wissenschaft, in: Krit. Studienausgabe Bd. 3, hg. von Giorgio Colli und Mazzino Montinari, München 1980.
Dietrich von der Oelsnitz, Martin Hahmann: Wissensmanagement. Strategie und Lernen in der Organisation, Stuttgart 2003
José Ortega y Gasset: Aufstand der Massen, München 2002.
John Palfrey/Urs Gasser: Generation Internet. Die Digital Natives: Wie sie leben – Was sie denken – Wie sie arbeiten, München 2008.
Ulrike Reinhard/Willms Buhse (Hrsg.): DNAdigital – Wenn Anzugträger auf Kapuzenpullis treffen: Die Kunst, aufeinander zuzugehen, Heidelberg 2009.

Richard Rorty: Kontingenz, Ironie und Solidarität, FfM 1991.
Jean-Jacques Rousseau: Emile oder Über die Erziehung, Stuttgart 1963.
Bertrand Russell: Lob des Müßiggangs, München 2002.
David Servan-Schreiber: Die neue Medizin der Emotionen, München 2004.
Friedrich Schiller/Klaus L. Berghahn (Hg.): Über die ästhetische Erziehung des Menschen in einer Reihe von Briefen, Stuttgart, 2000.
Friedrich Schlegel: Athenäum. Eine Zeitschrift, hrsg. von A. W. Schlegel und Friedrich Schlegel (1798-1800), Bde 1-3, Darmstadt 1983.
Wilhelm Schmid: Glück. Alles, was Sie darüber wissen müssen, und warum es nicht das Wichtigste im Leben ist, FfM/Leipzig 2007.
Ders: Mit sich selbst befreundet sein. Von der Lebenskunst im Umgang mit sich selbst, FfM 2007.
Arthur Schopenhauer: Der handschriftliche Nachlass, hrsg. von Arthur Hübscher, Band IV–I, FfM 1966–1975.
Ders.: Gespräche, hg. von Arthur Hübscher, Stuttgart/Bad Cannstatt 1971.
Klaus Schubert/Martina Klein: Das Politiklexikon. 4. Aufl., Bonn, 2006.
Georg Simmel: Rembrandtstudie, in: Aufsatze und Abhandlungen 1909–1918, Band II, hg. von Klaus Latzel, FfM 2000.
Ders.: Die Großstädte und das Geistesleben, in: Otthein Rammstedt/ David Frisby: Aufsätze und Abhandlungen 1901–1908, FfM 1995, S. 116–131.
Ders.: Die Philosophie des Geldes (1900), hrsg. von Otthein Rammstedt, FfM 2003.
Ders.: Lebensanschauung, 2.Aufl., München/Leipzig 1922.
Ders.: Das individuelle Gesetz, Philosophische Exkurse, hg. von Michael Landmann, FfM 1987.
Ders.: Das Abenteuer (1911), in: Philosophische Kultur (1911), Berlin 1983.
George Steiner: Warum Denken traurig macht, FfM 2006.
Heinz-Elmar Tenorth (Hg.): Klassiker der Pädagogik (Bd 1): Von Erasmus bis Helene Lange, München 2003.
Bernhard von Mutius: Die andere Intelligenz, Stuttgart 2006.
Paul Valéry: Die Krise des Geistes (1919), in: Kulturphilosophie, hg. von Ralf Konersmann, Stuttgart, 1998.
Max Weber: Wirtschaft und Gesellschaft. Grundriß der verstehenden Soziologie (1921/22), hg. und erweitert von J. Winckelmann; 5. Aufl., Tübingen, 1972.
Götz Werner: Führung für Mündige, Subsidiarität und Marke als Herausforderungen einer modernen Führung, Karlsruhe 2006.
Ders.: Einkommen für alle, Köln 2007.
Ludwig Wittgenstein: Philosophische Untersuchungen, FfM 2008.

## Artikel

Manfred Frank: Freiheit und Fatalismus, in: DIE ZEIT (Ausgabe 36, 27. 08. 2009).
Manfred Kets de Vries: Krise ist selbst erfüllende Prophezeiung, in: Wirtschaft und Weiterbildung, 4/2009.
Hartmut von Hentig: Sie lesen zu wenig. Aus der PISA-Studie nimmt sich ein jeder, was er zur Bestätigung seiner Überzeugungen braucht, in: Tagesspiegel vom 24.12.2001.
Paul Hoyningen-Huene: Systematizität als das, was Wissenschaft ausmacht, in: Information Philosophie, 1/2009.
Andreas Neef, Willi Schröll und Björn Theis: Digital Natives. Die Revolution der Web-Eingeborenen, in: Manager-Magazin (18. 05. 2009).
Julian Nida-Rümelin: Die Wissenschaftskultur der Philosophie ist gefährdet, in: Information Philosophie, 1/2009.
Georg Rüschemeyer: Die Illusion von Einsicht, in der Frankfurter Allgemeine Sonntagzeitung vom 10. Mai 2009 (Nr. 19).
Cordt Schnibben: Lob der Gier, in: Der Spiegel (Nr. 20, 11. 05. 2009)
Wolf Singer: Selbsterfahrung und neurobiologische Fremdbeschreibung. Zwei konfliktträchtige Erkenntnisquellen. (Max-Planck-Institut für Hirnforschung, Frankfurt/Main), erschienen in: Deutsche Zeitschrift für Philosophie, Mai 2005.
Ders.: Entscheidungsgrundlagen, FAZ, 8. 1. 2004.
Wolfgang Uchatus: Wir könnten auch anders, in: DIE ZEIT, Nr. 22 (Dossier: Geht es auch ohne Wachstum?), 20. 05. 2009.
Nikolas Westerhoff: In: Im Labyrinth der Sprache, in: „Gehirn und Geist" (April/2009)
brand eins – Ausgabe Juni 2006: Schwerpunkt Komplexität
DUMMY. Unabhängiges Gesellschaftsmagazin: Januar 2009, Schwerpunkt Glück

## Links

www.bundesregierung.de/buerokratieabbau
Roman Herzog: www.bundespraesident.de/Reden-und-Interviews/Berliner-Reden-,12086/Berliner-Rede-1997.htm
Horst Köhler: Rede vom 24. März 2009 in Berlin, unter: www.bundespraesident.de (Reden und Interviews).
Manifest der Digital Natives: www.dnadigital.de
www.samuel-hahnemann-stiftung.de
www.systemische-beratung.de/systemtheorie.htm
Potsdamer Manifest: vdw-ev.de/manifest
Prof. Peter Kruse: www.youtube.com – verschiedene Videointerviews zur Person bzw. zum Thema Komplexität, Kreativität und Führung
Unter: www.scope09.de stellt sich Peter Kruse den Fragen der Digital Natives
Zur Sendung des Philosophischen Quartetts (März 2009): www.zdf.de/ZDFde/inhalt/4/0,1872,7527556,00.html
www.youtube.com/watch?v=EcG6pJHrgf8